L'autohypnose

Franck Marcheix

L'autohypnose

Communiquer avec soi-même

MARABOUT

Sommaire

Remerciements

Merci à tous les êtres qui m'ont permis d'en arriver là où je suis, et je ne saurais en faire une liste exhaustive.

Merci à mon comité de lecture qui a accepté de lire, relire et corriger les différentes versions du manuscrit : Frédéric C., Valérie, Corinne, Patricia, Sybille, Nicolas, Laurent, Annette et Christian.

Un merci tout particulier à Corinne et Mum's pour la qualité de leur relecture et le temps accordé à rectifier mes innombrables fautes. Sans elles vous ne pourriez pas lire ce livre.

Merci à toi, Cédric, pour ton amitié immense, constante et éternelle.

Merci hypnotique à Frédéric L. pour son amitié, nos partages et notre incomparable duo.

J'ai aussi une pensée pour Lionel, qui entame un autre voyage.

Merci à Akynah, Mitsy, Mister Boubou, Miss Olga, Gauffrette, Chloé, Cheyenne, Léo, les Boucs, les Biquettes, Kat-su, Satheen et les petits, Clandestine, Felix, Figaro, Toc-toc, Odette et tous les autres pour leurs câlins, leur soutien et le temps merveilleux passé avec eux.

Merci à vous de tenir ce livre entre vos mains.

« Mais ce qui est vrai pour moi ne l'est pas nécessairement pour vous. Je ne vous demande pas de me croire, je partage simplement mon expérience avec vous. »

Dan Millman,

Le Voyage sacré du guerrier pacifique.

Qui je suis

Je me nomme Franck Marcheix et je pratique l'hypnose – pour moi-même comme en consultations et en séminaires – depuis de nombreuses années. Comme beaucoup de praticiens passionnés, j'ai le sentiment d'avoir toujours fait de l'hypnose et de l'avoir utilisée sans le savoir depuis mon enfance. Mes domaines de compétences se focalisent sur les techniques de communication consciente et inconsciente et je m'intéresse particulièrement aux outils d'influence personnelle et de motivation, ainsi qu'au langage non verbal.

Je n'ai à ce jour jamais trouvé d'outil aussi efficace et puissant que l'hypnose pour s'influencer soi ou influencer les autres.

Nous pourrions tout aussi bien parler de manipulation et nous aurions raison. Mais avec le mot « influence », je parle de « manipulation éthique ». Il s'agit de « manipuler » de manière bienveillante et bénéfique.

Vous auriez raison de me dire que d'autres utilisent cet outil à d'autres fins, nettement moins positives. C'est aussi la raison de mon investissement personnel et professionnel : je souhaite faire connaître ces outils au plus grand nombre pour aider tout le monde. Je veux permettre à chacun d'identifier les tentatives d'influence et de manipulation et d'en saisir la vraie nature.

Non pas pour les enrayer systématiquement, mais plutôt pour les reconnaître et choisir si l'on désire s'y soumettre (lorsqu'elles sont bénéfiques) ou y échapper (lorsqu'elles sont négatives ou inutiles).

J'ai le plaisir de co-diriger l'institut Hypnofeel, organisme de formation spécialisé en hypnose et en développement personnel. Mon associé est une personne que j'estime beaucoup et nous partageons une même vision de la mission que nous nous sommes donnée.

Ce qui est d'autant plus agréable, excitant et motivant dans cette association, c'est que nous n'avons pas le même caractère ni la même manière de pratiquer – une différence est particulièrement visible lorsque nous co-animations des conférences ou des formations (ceux qui y ont participé le confirmeront). C'est ce qui fait de notre duo un « ovni », à en croire nos stagiaires, nos amis et nos collaborateurs.

Je possède également un cabinet de consultations.

J'interviens enfin à l'université comme chargé de cours en communication dans plusieurs masters et je me passionne pour la communication au sens large, et plus particulièrement sur l'impact de notre inconscient sur notre communication et nos prises de décisions.

Ce livre est dédié à la personne qui m'aide
à faire de ma vie une suite de moments merveilleux
et m'encourage dans chacun de mes projets :

Bérénice.

Introduction

Je veux que vous tous, vous soyez en désaccord
avec mes formulations, parce qu'elles me vont bien à moi,
mais elles pourraient ne pas vous aller à vous.
Milton Hyland Erickson

Pourquoi vous vous êtes procuré ce livre

C'est une excellente question à vous poser, avant même d'aller plus loin. Effectivement, de nombreuses études montrent que la mémoire et la motivation dépendent de la prévision que l'on se fait de quelque chose, par exemple de la qualité de ce livre. En d'autres termes, vous jugez ce livre par anticipation, et votre cerveau est déjà en train de se conditionner, de vous préparer, pour l'aborder en fonction de ce jugement.

Alors, envisageons un instant de prendre la situation à l'envers. Demandez-vous réellement ce qui vous a fait ouvrir ce livre : qu'attendez-vous de lui et de moi ?

Pour éviter d'utiliser une partie minimale de votre esprit par manque de motivation, donc de passer à côté d'une grande partie de ce que je vous propose, dites-vous simplement que ce livre est exactement ce que vous recherchiez pour compléter les informations que vous avez déjà. Que grâce à ce merveilleux mélange que votre esprit va effectuer entre ce que vous savez déjà et ce que vous allez apprendre de plus, vous allez pouvoir passer à l'action dans un grand nombre de domaines et trouver d'autres outils pour profiter pleinement de votre aptitude en autohypnose.

Retirer le meilleur de ce que vous allez apprendre ou réapprendre, découvrir ou redécouvrir dans cet ouvrage est de votre responsabilité. C'est à vous de choisir comment conditionner votre lecture. Décidez de ce que vous voulez obtenir et faites le maximum pour en profiter, pour trouver dans ce livre ce que vous venez chercher, qu'il s'agisse de nouvelles questions ou de la confirmation d'une information manquante pour avancer. Ainsi, vous saurez mieux quoi chercher et quoi demander.

Pourquoi j'ai écrit ce livre

En France, ces dernières années, beaucoup d'ouvrages sur l'hypnose et l'autohypnose ont paru. J'ai moi-même souhaité apporter ma pierre à l'édifice en proposant un livre très pragmatique et aussi simple que possible.

En même temps, comment puis-je avoir l'audace d'écrire un nouveau livre sur le sujet ? Et surtout, comment puis-je répondre à vos attentes ? Deux questions bien embarrassantes, pourrait-on croire. Mais je vais vous expliquer clairement le cheminement de ma pensée.

Depuis de nombreuses années, je dirige des séminaires d'hypnose et d'autohypnose à destination des particuliers et des professionnels désireux d'aller plus loin dans leur connaissance et dans leur pratique.

Au début, je me contentais de proposer un enseignement «basique» de l'outil hypnotique, qui permet d'entrer en contact avec la partie inconsciente de son esprit.

Pourtant, au fil du temps, j'ai pris conscience que les stagiaires avaient un grand besoin de comprendre les concepts d'hypnose et d'inconscient. Il leur manquait un élément très important : le pragmatisme, c'est-à-dire l'art d'aller à l'essentiel, qui est probablement l'élément fondateur de l'hypnose et de l'autohypnose, car sans lui la plupart des gens abandonnent et n'expérimentent rien.

LE PRAGMATISME

Selon le Petit Larousse illustré, le pragmatisme est une «doctrine qui prend pour critère de la vérité le fait de fonctionner réellement, de réussir pratiquement. Le pragmatisme a exercé une influence majeure aux États-Unis. Si la théorie en a été formulée dès 1879 par C. S. Peirce, qui vise à comprendre les relations entre la méthode expérimentale des sciences et le réel, c'est W. James, en 1898, qui fut le premier à utiliser le mot. Avec lui, le pragmatisme prend une forme plus tournée vers la psychologie de l'action, réduisant la vérité à une définition qui la fait coïncider exactement avec ce qui est utile.»

Wikipédia précise par ailleurs que «pour ces auteurs, le pragmatisme représente d'abord une méthode de pensée et d'appréhension des idées qui s'oppose aux conceptions cartésiennes et rationalistes sans renoncer à la logique. Selon la perspective pragmatique, penser une chose revient à identifier l'ensemble de ses implications pratiques, car pour Peirce et ses disciples, seules ses implications confèrent un sens à la chose pensée. Les idées deviennent ainsi de simples, mais nécessaires, instruments de la pensée. Quant à la vérité, elle n'existe pas *a priori*, mais elle se révèle progressivement par l'expérience. »

La notion de pragmatisme nous permet de mieux comprendre pourquoi enseigner l'hypnose, et plus particulièrement l'autohypnose, n'est pas une sinécure. Et pourquoi tant de lecteurs « se cassent le nez » sur des contenus trop théoriques et une absence désarmante de pratique.

Quand je repense à toutes ces années d'enseignement, je suis troublé de remarquer à quel point je suis passé à côté de l'essentiel.

Les ouvrages qui mélangeaient théorie et exemples pratiques sont ceux qui m'ont le plus aidé à modifier mes connaissances ; c'est pourquoi je souhaite proposer, pour l'autohypnose, un livre qui simplifie les choses et vous ouvre à un monde nouveau, si facile d'accès lorsque l'on possède les bonnes clés.

En effet, le pouvoir de l'inconscient est ouvert à tous et possède une puissance observable tous les jours, à condition que nous prenions le temps de le reconnaître et de nous y arrêter. L'acquisition, ou plutôt la réacquisition de ce pouvoir, me paraît tellement indispensable que je ne pourrais absolument pas imaginer ma vie aujourd'hui sans lui.

Chose rassurante, je ne pourrai d'ailleurs plus jamais l'oublier, puisque mon esprit tout entier a intégré ces connaissances.

Pour vous en convaincre, je vais vous demander si vous êtes capable de voir le mot « MOT » sans le lire. Votre esprit n'a plus besoin de le décomposer comme quand vous appreniez à lire. M-O-T, cette suite de lettres, se prononce « MOT ». À quel concept ou définition renvoie-t-il ? C'est bon, ça vous revient ? Voilà en quelque sorte le cheminement que votre esprit suivait pendant cette période d'apprentissage de la lecture.

Et maintenant prenez conscience de la vitesse à laquelle votre esprit lit, assimile, ordonne et compare les mots pendant que vous les lisez. Le plus amusant, c'est que vous ne pouvez plus vous en empêcher. C'est automatique. Avec l'autohypnose, cela peut aussi le devenir. Pour y parvenir, je vais vous proposer des techniques faciles et efficaces que j'ai expérimentées à la fois pendant mes séances et pendant mes séminaires pour transmettre avec humilité et simplicité ce que j'ai moi-même appris et que je pense avoir intégré.

Et, vous en conviendrez, il est beaucoup plus facile d'apprendre lorsque les choses sont simples.

Oups ! j'ai déjà commencé. Effectivement, cette phrase est, comme les connaisseurs l'auront remarqué, un « truisme », un outil hypnotique qui sert à améliorer les suggestions qui seront proposées. Et c'est bien là que je dois me montrer parfaitement honnête avec vous : je vais « devoir » vous « hypnotiser ».

Moi ? Quoi ? Comment cela ?

Eh oui, je vais devoir utiliser sur vous un ensemble de techniques, certes légèrement différentes de celles employées lors d'un face-à-face réel, mais en même temps très ressemblantes, pour vous amener à intégrer facilement ce que je vous propose, aussi bien au niveau conscient qu'inconscient.

Ma mission, tout au long de votre lecture, sera de vous aider à assimiler toutes ces techniques et l'enseignement que je vous propose le plus rapidement et surtout le plus efficacement possible, car je pense que nous sommes d'accord sur ce point : c'est cela qui compte le plus. N'est-ce pas ?

Car vous vous êtes certainement procuré ce livre pour obtenir des résultats que vous souhaitez voir se réaliser le plus rapidement possible.

Reprenons ce que le grand sociologue Herbert Spencer disait : « Le grand but de la formation n'est pas le savoir, mais l'action. » Donc, ne perdons pas de temps et passons à l'action. Même si nous pouvons nous accorder à dire que, mine de rien, nous avons déjà bien avancé.

Pour entrer dans le vif du sujet, j'aimerais vous raconter une histoire.

« Un matin, le Bouddha était en compagnie de ses disciples quand un homme s'approcha.

— Dieu existe-t-il ? demanda-t-il.

— Il existe, répondit le Bouddha.

Après le déjeuner, un autre homme s'approcha.

— Dieu existe-t-il ? demanda-t-il.

— Non, il n'existe pas, répondit le Bouddha.

À la fin de l'après-midi, un troisième homme posa la même question.

— Dieu existe-t-il ?

— C'est à toi de décider, répondit le Bouddha.

Dès que l'homme fut parti, un disciple s'exclama, révolté :

— Maître, c'est absurde ! Pourquoi donnez-vous des réponses différentes à la même question ?

— Parce que ce sont des personnes différentes, chacune parviendra à Dieu par sa propre voie. Le premier me croira. Le second fera tout ce qu'il peut pour prouver que j'ai tort. Le troisième ne croira qu'à ce qu'il choisira lui-même. »

Alors, ne soyez pas surpris si le contenu de ce livre vous étonne ou vous choque parfois. Je me suis donné pour mission de vous parler du mieux possible de la pratique de l'autohypnose. Et comme je ne peux ni vous voir ni vous entendre, j'utilise tous les moyens à ma disposition pour vous aider. Certains passages vous seront donc utiles quand d'autres le seront moins. Laissez-vous guider et interagissez de votre mieux.

Comment profiter de ce livre

Afin d'aller aussi loin que possible, tout en restant pragmatique, je vous encourage à suivre ces quelques conseils pour profiter pleinement de votre lecture.

1. Interrompez-vous fréquemment pour relire ce que vous venez de découvrir et demandez-vous si vous avez compris le passage.
2. Utilisez la technique du surlignage pour revenir rapidement aux points qui vous intéressent le plus.
3. Mettez-vous dans un état d'esprit qui vous permette d'améliorer votre communication avec vous-même.
4. Décidez maintenant de vous exercer et de vous exercer encore, pendant et après la lecture de ce livre. C'est le seul moyen de vous perfectionner.
5. Trouvez un lieu propice à votre lecture.
6. Préparez-vous. L'hypnose est un jeu, un jeu avec vous-même, donc apprenez à vous amuser de tout ce que vous pourrez faire. Vous prendrez rapidement conscience de l'importance de l'hypnose dans votre quotidien.
7. Faites les choses sérieusement, mais sans vous prendre au sérieux.

Tout le monde sait pratiquer l'hypnose

Vous vous rendrez compte rapidement, si ce n'est déjà le cas, que je ne fais souvent pas de différence entre autohypnose et hypnose. Je parle en règle générale simplement d'hypnose.

En effet, je pars du postulat que toute hypnose est d'abord de l'autohypnose.

Qu'est-ce que cela veut dire ? Tout simplement que si quelqu'un entre dans un état d'hypnose, c'est d'abord parce qu'il a bien voulu, d'une manière ou d'une autre, y entrer.

Cela amène donc déjà quelques questions. Pouvons-nous conduire quelqu'un à entrer dans un état hypnotique s'il ne le veut pas ? Oui et non. Cela va dépendre de différents facteurs. Mais fondamentalement, comme la plupart des gens ne savent pas ce qu'est un état hypnotique, comment pourraient-ils faire pour ne pas entrer dans un état qu'ils ne connaissent pas ?

C'est là que tout débutant qui se respecte commence à s'arracher les cheveux. Si vous n'êtes pas dans ce cas, c'est que vous n'êtes probablement pas un débutant.

Revenons à nos moutons. La difficulté centrale dans l'hypnose, c'est que beaucoup de gens pensent – à tort – qu'ils ne savent pas ce dont il s'agit. Or, tout le monde entre dans un état dit « hypnotique » plusieurs fois par jour et de manière parfaitement naturelle. C'est d'ailleurs tellement naturel que beaucoup de gens pensent que ce n'est pas de l'hypnose.

Je résume : vous savez déjà pratiquer l'hypnose, et cela depuis des années !

Excellente nouvelle. Vous pouvez donc fermer ce livre !

Non, je plaisante ! Du moins sur le fait de fermer le livre. Pas sur le reste.

Oui, tout le monde sait pratiquer l'hypnose, mais peu de gens savent utiliser cet état de manière stratégique. Surtout, peu de gens savent se mettre délibérément dans un état hypnotique.

Pour les plus chanceux ou pour ceux qui savent comment y entrer, la difficulté se trouve à l'intérieur même de la séance : que faire une fois que je suis dans cet état-là ?

C'est avec ce postulat que je me propose d'aborder les différents sujets de ce livre, avec la volonté d'y ajouter en permanence la notion, fondamentale pour moi, qu'est le « pragmatisme ». Je souhaite répondre du mieux possible à la question : « Concrètement, comment je fais ? »

De l'art de se faire du bien

Comme ce livre s'articule autour de l'autohypnose, restons bien ancrés sur notre sujet et parlons du meilleur moyen de s'influencer soi-même et de provoquer des changements profonds et durables sur notre personne.

Sur le sujet de l'influence sur autrui, je prendrai un moment pour cadrer le niveau d'intervention en pointant du doigt notre esprit « français », qui suit souvent le cheminement suivant : « Aïe, influence, manipulation, c'est dangereux… »

Pourtant, c'est le genre de réflexion que l'on ne se fait pas quand on va voir un kinésithérapeute ou un ostéopathe, qui nous manipule tout autant, mais sans toucher, heureusement, à ce qu'il y a dans notre tête. Cependant, beaucoup d'entre nous ne se sentent-ils pas mieux dans leur tête après une séance qui n'avait pour but que de débloquer le corps ?

Inutile de préciser que ces techniques puissantes doivent être utilisées en respectant l'autre : puisque vous allez pratiquer sur vous-même, j'ose croire, et même espérer, que vous ne vous voulez que du bien.

En même temps, si c'était le cas à 100 %, vous ne seriez peut-être pas en train de lire ce livre. D'ailleurs, peut-être que tout cela ne vient que confirmer mon précédent propos, qui supposait que vous ne savez sans doute pas comment vous faire du bien efficacement.

Pour ceux qui seraient déjà perdus en route, rappelez-vous un de mes précédents conseils : relisez plusieurs fois un chapitre pour réfléchir à la signification profonde de tout ce qui est écrit. Bien loin de moi l'idée de vous perdre en route afin d'ancrer un certain nombre de choses dans votre esprit profond. Cela ne me ressemble guère.

En fait, je prends le temps dans ce livre de vous parler un instant d'une chose importante et je pose des fusibles (nous verrons de quoi il s'agit plus loin) pour vous répéter de prendre soin de vous et des autres, avec ces techniques d'influence inconsciente.

Manipulez-vous avec respect et intégrité.

Faites-vous du bien, le mieux possible !

Où partons-nous ?

Drôle de formulation pour parler d'un moment que nous allons passer dans l'intimité de votre esprit – car ce sont bien mes mots, mais c'est votre voix intérieure qui les fait vivre. C'est une intimité particulière que nous allons partager pendant un moment plus ou moins long, selon votre vitesse de lecture ou d'intégration des informations.

Ce sera un excellent objectif à garder pour plus tard : « augmenter de manière notable, tout au long de ce livre, ma vitesse de lecture et l'intégration des informations qui s'offrent à moi ». Vous pourrez vérifier plus tard s'il s'agit bien d'un objectif car, comme le disait Sénèque, philosophe de son état, « le vent ne sert à aucun bateau qui ne sait pas où il va ».

Car il est PRIMORDIAL de formuler avec détermination et énergie un objectif clair pour une séance d'hypnose réussie. Quoique…

Alors, où partons-nous ? Je propose cette réponse : pour un voyage qui mélange conscience, état modifié de conscience, ondes cérébrales, phénomènes hypnotiques, métaphores, suggestions, croyances, origines, langage inconscient, induction, changements et satisfaction. Si ce programme vous met l'eau à la bouche, prenez votre billet d'embarquement parce que le voyage commence. Si vous n'êtes pas encore tenté, tenez-vous prêt à être surpris et observez le temps qu'il vous faudra pour avoir immanquablement l'eau à la bouche.

Dernier avertissement avant le départ : comme toute chose, il y a des voyages agréables qui se compliquent en cours de route et s'améliorent à la fin, et inversement.

Quoi qu'il en soit, vous posséderez, à la fin de la lecture de ce livre (pour ceux qui le termineront, car les statistiques sur le sujet sont effrayantes), un ensemble d'informations que votre esprit prendra un moment à intégrer et à mettre en pratique. Donc, entraînez-vous, entraînez-vous, entraînez-vous.

Loin de moi l'idée d'imposer quoi que ce soit dans ce livre. Je vous encourage même à remettre en cause ce que je vous dis, pas uniquement par simple résistance, plutôt dans le but d'accéder à une vraie recherche. Regardez, écoutez, ressentez les choses autour de vous et demandez-vous si ce que je vous propose vous convient. En même temps, paradoxalement (clin d'œil à Rémi, un ami coach qui, j'en suis sûr, ne ratera pas le jeu de mot déjà produit sans grand succès lors d'une formation), il vous faudra mettre de côté un instant tout ce que vous connaissez pour laisser de la place à ces nouvelles informations.

Évitez de faire comme certaines personnes…

Un universitaire alla rencontrer un maître zen japonais pour lui demander la signification du Zen. Ce dernier ne manqua pas de délivrer une leçon fondamentale que je souhaite vous soumettre. Il versa à son interlocuteur, comme c'est la tradition, une tasse de thé qu'il se mit à remplir jusqu'à ce qu'elle commence à déborder. L'universitaire mit un peu de temps avant de réagir et de s'exclamer : « Elle déborde. On ne peut plus rien y ajouter ! ».

Le maître lui répliqua alors : « Comme cette tasse, vous êtes trop plein de vos propres opinions et spéculations. Comment puis-je vous montrer le Zen si vous ne commencez pas par vider votre tasse ? »

Voilà ce que je vous demande tout au long de cette lecture. Des éléments seront peut-être en contradiction avec ce que vous croyez savoir, avec ce en quoi vous voulez continuer à croire, mais je ne peux rien vous montrer si vous ne commencez pas par vider votre tasse. Il sera bien temps, après votre lecture, d'expérimenter, d'intégrer et de décider ensuite de conserver ou non certains des éléments que vous avez découverts.

De plus, je serai ravi et même très honoré d'avoir l'occasion d'échanger avec vous. Cela m'aidera, moi aussi, à améliorer les prochaines éditions de ce livre et à répondre au mieux aux questions qui n'auraient pas trouvé ici de réponses.

Chapitre 1

Conscient et inconscient

Ce que je vous propose

Selon moi, l'autohypnose doit être considérée comme la communication ultime avec soi-même. Certains diront qu'il s'agit simplement d'une technique de développement personnel. Oui, évidemment, mais ce n'est pas tout. Ce serait même risqué, à mon avis, d'envisager l'autohypnose uniquement sous cet angle, de classer cette technique trop rapidement dans ce domaine et de ne pas l'utiliser dans d'autres situations, toutes aussi importantes, au quotidien.

L'hypnose, c'est la Vie. Elle est partie intégrante de la Vie et nous permet de mieux comprendre le monde dans lequel nous vivons. Les adeptes/disciples de Milton Hyland Erickson, le psychiatre américain qui a redonné ses lettres de noblesses à cette pratique ancestrale, diront que nous avons tous reçu un cerveau, mais que nous n'en avons pas le mode d'emploi.

Je n'ai pas la prétention de vous fournir ce mode d'emploi. D'ailleurs, je relève plutôt du service après-vente, qui doit faire comme il peut avec le problème qui lui est exposé.

Comme tout bon technicien, commençons par prendre du recul et disons-nous d'abord que l'autohypnose est un outil simple si nous nous sommes exercés pour qu'il le devienne.

J'insiste sur le fait que, dès que votre esprit se sera détaché d'un certain nombre de croyances sur ce sujet, le pragmatisme vous aidera à prendre conscience que vous possédez déjà tous les éléments pour réussir. Cette notion vous permettra de gagner du temps pour atteindre rapidement tous les objectifs que vous vous fixerez afin d'améliorer ou de changer votre quotidien.

Nous conclurons cette entrée en matière en disant que l'hypnose est à la fois un état modifié de conscience et un ensemble d'outils à utiliser pour communiquer avec toutes les parties de notre esprit.

En même temps, personne ne sait encore exactement comment fonctionne l'hypnose. Je n'ai moi-même nullement la prétention de le savoir. Nous savons comment entrer dans un état hypnotique, nous savons que c'est dans cet état-là que notre inconscient est le plus ouvert aux suggestions, mais ce « pourquoi » reste un mystère. Il existe beaucoup de théories mais aucune certitude.

Conscient et inconscient

Il me serait difficile de continuer sans prendre le temps nécessaire à l'explication, aussi rapide que succincte, de ce que j'entends par conscient et inconscient (ma propre définition ressemble probablement à bien d'autres, mais elle a le mérite d'être la mienne et je l'utilise régulièrement).

Imaginez un iceberg dans son entier. Je sais que vous ne pouvez que vous l'imaginer, puisque vous ne pouvez pas le voir en entier, ce qui est le principe même de cette démonstration. Il existe une partie visible (ce qui est au-dessus de l'eau) et une partie invisible (ce qui est en dessous de l'eau).

De manière assez amusante, nous pourrions tout aussi bien regarder en dessous de l'eau et voir alors sans peine la partie de notre iceberg invisible auparavant, mais dans le même temps nous ne pourrions plus voir sa partie anciennement visible.

Vous suivez toujours ?

Non ? Alors tant mieux ! Un peu de confusion et le cocktail est parfait.

Donc, je continue. Notre esprit est comme cet iceberg. Nous avons une partie visible que nous nommerons notre « conscience du moment », qui est la partie « visible », et une autre partie « en dessous », métaphoriquement parlant, que nous nommerons notre « inconscient ».

Ces deux parties forment un tout indissociable et sont en même temps sans arrêt dissociées, car nous ne prenons que rarement le temps de « prendre conscience de notre inconscient », puisque celui-ci est littéralement « inconscient ».

Cela ne nous empêche nullement de prendre maintenant conscience que notre inconscient est perpétuellement présent. Il nous faudra simplement un léger effort pour arrêter de penser que tout passe d'abord par notre outil de contrôle conscient. D'ailleurs, de plus en plus d'études en neurosciences tendent à démontrer que toutes nos décisions sont prises en premier lieu dans une partie inconsciente de notre esprit.

Le modèle du cerveau « triunique »

Pour expliquer un peu plus simplement ce phénomène, je vais vous exposer un concept facile à comprendre : celui du cerveau « triunique ».

Comme les chercheurs parmi vous – qui auront, je l'espère, continué la lecture –, je suis parfaitement d'accord avec le fait qu'il faut considérer les aires cérébrales comme des ensembles en interaction et non pas séparées. Mais pour les besoins du plus grand nombre, vous m'excuserez, j'en suis sûr, quelques raccourcis.

Pédagogiquement parlant, nous allons reprendre le concept de cerveau triunique à notre compte. Métaphoriquement, ce concept, développé par le neurobiologiste Paul MacLean en 1969, partage le cerveau en trois sous-ensembles : le cerveau « reptilien », le cerveau « limbique » et le néocortex. Comprenons-nous bien : cette vision neuroanatomique du cerveau humain est un outil théorique pour modéliser et comprendre son architecture fonctionnelle.

Cette vision s'appuie sur l'évolution humaine qui se serait effectuée en plusieurs étapes. Chaque étape correspond à l'apparition des différentes classes phylogénétiques d'animaux.

Dans ce contexte théorique, la plus ancienne structure de notre cerveau est le cerveau « reptilien », la plus profonde sur le plan anatomique. Certains neuroscientifiques parlent aussi de cerveau primitif et font remonter son apparition à 400 millions d'années.

Le cerveau « limbique », notre deuxième sous-ensemble, serait apparu il y a 65 millions d'années, avec l'arrivée des premiers mammifères. Il est à l'origine de notre système limbique, et se charge principalement des comportements instinctifs et de la mémoire. Il est responsable des émotions et déclenche les réactions d'alarmes dues au stress.

Le néocortex est le troisième sous-ensemble, qui se trouve à la périphérie du cerveau. Il n'aurait que 3,6 millions d'années (seulement !). Nous nous en servons notamment pour le raisonnement, la logique et le langage, ainsi que pour l'anticipation des actes.

Le modèle du cerveau « triunique » a été largement remis en cause ces dernières années, mais il a le mérite d'offrir un schéma simple et lisible du fonctionnement cérébral, avec une cohabitation et une interaction des différentes régions du cerveau. Il permet en outre de différencier le conscient (néocortex) et l'inconscient (cerveaux « reptilien » et « limbique »).

La théorie des cerveaux hémisphériques

Toutes les études neuroscientifiques reconnaissent aujourd'hui que les deux hémisphères de notre cerveau fonctionnent ensemble et en alternance. Selon nos activités, ils ne sont donc pas sollicités de la même manière.

Sur le plan pédagogique, nous constatons que l'hémisphère gauche est plus efficace pour traiter de l'information séquentielle alors que l'hémisphère droit nous permet de traiter l'information conceptuelle. D'ailleurs, ce dernier est aussi directement impliqué dans tous les traitements visuels et spatiaux, ainsi que dans le traitement des émotions.

De nombreuses études ont été conduites pour tenter d'expliquer et de comprendre de manière encore plus fine le fonctionnement de nos deux hémisphères. Ces expériences ont d'ailleurs démontré que c'est l'hémisphère droit qui nous permet de reconnaître plus rapidement. Mais les chercheurs, afin d'éviter toute simplification non pertinente, insistent sur le fait que dans de très nombreuses activités, nos deux hémisphères sont sollicités et impliqués en même temps.

HYPNOSE ET THÉORIE DES HÉMISPHÈRES

Pour faire simple, nous assimilerons l'hémisphère droit à la partie inconsciente et l'hémisphère gauche à la partie consciente. C'est pour cette raison que les enregistrements audio d'aide à l'hypnose que je crée possèdent souvent deux voix, une à droite et une à gauche, avec des suggestions différentes afin d'être interprétées par chaque hémisphère.

En autohypnose, cette information peut s'avérer importante pour nous aider à entrer plus facilement dans un état hypnotique.

Une induction que je vous ferai découvrir plus loin, et qui s'appelle la respiration équilibrante, s'appuie sur la respiration pour activer la transe hypnotique en utilisant une stimulation synchronisée des hémisphères. Elle a été découverte et étudiée au laboratoire de biofeedback de Stanford par Leonard Laskow.

Faire confiance à son inconscient

Maintenant que nous en savons plus sur le conscient et l'inconscient, étudions d'un peu plus près leur spécificité.

En hypnose, nous diminuons l'activité de notre esprit conscient et nous commençons à utiliser notre inconscient. Comme disait Erickson : « Faites confiance à votre inconscient, car il sait beaucoup plus de choses que vous ne savez que vous savez. » (La répétition est voulue.)

Nous allons maintenant tenter de donner une forme à ce que nous appelons inconscient. Par antagonisme, le conscient sera « l'autre ». Car ne peut être inconscient ce qui est conscient, et inversement. D'ailleurs, Erickson définit ainsi l'inconscient comme étant « tout ce qui n'est pas encore conscient ».

Notre esprit conscient est capable d'être attentif à 7 + ou - 2 éléments en même temps, soit 5 à 9 éléments en 1 seconde. Si vous faites attention, dans le lieu où vous vous trouvez, à plus de 7 + ou - 2 choses en même temps, aussi bien sur le plan visuel qu'auditif et corporel, vous arriverez vite à la conclusion que certaines choses sont « effacées » au profit de nouvelles.

D'ailleurs, tenter de suivre deux ou trois conversations en même temps nous oblige à un effort cognitif si intense qu'il peut demander toute notre attention et que tout le reste devient superflu (inconscient). Prendre conscience, à cet instant-là, de l'amplitude de votre respiration, de la vitesse de votre battement cardiaque ou du mouvement de votre pied droit n'a pas vraiment d'importance.

Pourtant, comme beaucoup d'autres, vous avez fait attention, en lisant les mots qui précèdent, à votre respiration, à votre battement cardiaque, ou vous avez fait bouger votre pied droit pour vérifier qu'il était encore là. Même si toutes ces informations n'avaient aucun intérêt pendant votre lecture. Par contre, votre esprit n'a eu d'autres choix que de suivre votre pensée et de faire ce qui était écrit.

Rassurez-vous, ces informations disparaîtront dès que votre conscient se sera focalisé sur autre chose. Ce qui est d'ailleurs peut-être déjà le cas. Vous ne pensez plus à votre respiration, ni à votre battement cardiaque et encore moins à votre pied droit. Si ? Bon, d'accord, j'arrête.

Laissez le soin à votre inconscient de faire le vide nécessaire. Il gère plusieurs millions d'informations à la seconde et doit décider de réguler ces millions d'informations selon l'importance de ce qu'il perçoit.

Il s'occupe de notre survie, et c'est là le point fondamental. Le cerveau « reptilien » fait le nécessaire pour nous maintenir en vie et consomme beaucoup d'énergie pour cela, tandis que notre cerveau « limbique » organise nos émotions et nos souvenirs, même si nous continuons à croire trop souvent que c'est notre néocortex, notre fameux conscient, qui maîtrise tout cela à la perfection. Nous continuons à penser que c'est nous, consciemment, qui décidons de tout.

D'ailleurs, je vous laisse vous interroger sur votre choix « conscient » de faire attention (de nouveau) à votre respiration, à votre battement cardiaque, de porter votre attention sur votre pied droit (de nouveau). Résistez, je vous en prie, résistez. C'est le meilleur moyen pour prendre conscience avec honnêteté que vous n'avez rien décidé du tout et que votre esprit s'est chargé de le faire, tout simplement (de toute façon, vous êtes seul, donc vous n'avez rien à prouver à qui que ce soit, même pas à moi).

Là où l'hypnose se différencie de la psychanalyse – pour ne prendre que cette démarche s'articulant autour des notions de conscient et d'inconscient –, c'est que notre inconscient y est envisagé comme un immense réservoir de ressources et de connaissances, et pas uniquement le réceptacle de nos frustrations et de nos échecs passés. C'est lui qui gère, en quelque sorte, notre mémoire et nos différents apprentissages.

Rappelez-vous l'image de l'iceberg. Pendant longtemps, beaucoup de chercheurs ont affirmé que nous n'utilisions que 10 % de notre cerveau. Je pense pour ma part que cette affirmation gagnerait à être modifiée. J'aurais tendance à la reformuler de cette manière : « Nous utilisons *consciemment* une infime partie de notre cerveau. »

Soyons honnêtes, nous ne connaissons pas toute l'étendue de notre potentiel cérébral. Alors quelle prétention de vouloir quantifier notre utilisation consciente !

Nous commençons à peine à faire, médicalement parlant, la différence entre les zones conscientes et les zones inconscientes. Des techniques comme l'imagerie par résonance magnétique fonctionnelle (IRM fonctionnelle), l'électroencéphalographie (EEG) et d'autres encore nous en apprennent davantage de jour en jour, et c'est d'ailleurs grâce à ce type d'appareils que la médecine « avance ».

Elle accorde d'ailleurs de nouveau du crédit à l'hypnose, car elle peut « enfin » prouver « scientifiquement » qu'il se passe « réellement » quelque chose lorsque notre état de conscience se modifie.

Ainsi, nous savons reconnaître lorsqu'une personne se trouve dans un état modifié de conscience, ou EMC (c'est cette abréviation que nous utiliserons pour la suite).

De plus, nous avons désormais la preuve que le cerveau réagit lorsqu'il est soumis à des suggestions ou des autosuggestions. Nous ne savons pas pourquoi, mais nous savons quand. C'est un début, et à la vitesse à laquelle la science avance sur l'étude de notre cerveau, je ne serais pas surpris que nous en sachions plus très rapidement.

Imaginons donc notre esprit inconscient comme un immense réservoir ou un grand ordinateur qui accumule et enregistre toutes les informations depuis notre naissance. Il possède un savoir gigantesque et prend des décisions tout le temps.

La bonne question à se poser est : comment prend-il ces décisions ? C'est là qu'entrent en scène nos croyances.

Le rôle de nos croyances

Une croyance est un processus mental par lequel nous affirmons, avec des degrés différents de possibilités, la réalité ou la vérité d'une chose sans vouloir ni pouvoir en apporter la preuve. Il n'est d'ailleurs pas possible d'en apporter une preuve contraire. « Tous les hommes sont cupides », « Je ne mérite pas cela », « Les femmes parlent trop », « Je ne peux pas gagner plus », « Je ne peux pas me soigner », « Je n'arrive pas à maigrir », etc., sont des croyances.

Donc, comprenez bien qu'**il n'y a pas une croyance vraie**, il y a **LA** croyance que vous avez décidé d'avoir – ou que l'on vous a programmé à avoir. Le meilleur exemple, c'est que vous pourriez trouver sans trop de difficultés une personne qui pense le contraire de vous sur chacune de vos croyances, car cela dépendra de son vécu, de son expérience et de la programmation qu'elle aura eue.

Il faut comprendre que ces croyances nous ont été « proposées » par notre entourage, nos parents et tous ceux que je nomme nos « éducateurs », au sens large du terme (il serait d'ailleurs plus juste de dire qu'ils nous ont « programmés » à faire nôtres ces croyances !). Effectivement, depuis notre naissance, nous sommes soumis à un perpétuel jeu de pouvoir dans une société qui impose des normes et des comportements, et ce sont bien là les débuts d'une programmation.

Cela ne veut pas dire que tout est joué, mais cela indique que nous construisons probablement notre monde et nos pensées à partir de ces premiers indices qui se sont enregistrés en nous et que nous continuons à les nourrir avec nos expériences de vie. D'autres études montrent que nos expériences ne font que consolider nos croyances. C'est pourquoi, si vous croyez en quelque chose, il vous sera difficile de vivre autre chose.

« La théorie conditionne l'observation. »
Albert Einstein

Nous ne percevons vraiment que ce à quoi nous croyons, nous ne pouvons percevoir que ce à quoi nous nous attendons. Si vous croyez que tout le monde vous déteste, comment pouvez-vous voir autre chose ? Si vous pensez que tous les gens riches sont des « escrocs » ou des « fourbes » qui profitent de leurs semblables, comment pouvez-vous espérer vous enrichir ? Sauf à accepter de devenir vous aussi un escroc ou un fourbe. Si vous pensez que tous les autres sont des « moins que rien » ou représentent un danger potentiel, comment pourrez-vous rencontrer la personne qui prendra soin de vous ?

RÉALITÉ OU IMAGINATION?

J'aimerais m'arrêter un moment sur une caractéristique amusante et intéressante de notre esprit (ou plutôt de notre inconscient). Il ne sait pas faire la différence entre la réalité et l'imagination. Plusieurs études montrent que, dans un EMC, notre cerveau active les mêmes zones, qu'il s'agisse de souvenirs réels ou inventés. Le processus cognitif est le même lorsque nous nous remémorons un fait réel ou lorsque nous imaginons quelque chose.

Souvent, je parle de souvenirs du futur quand j'accompagne une personne en EMC pour la préparer à parler en public: elle se visualise dans le futur en train de réussir cette expérience et son esprit ne fait pas la différence avec la réalité, donc elle a réellement l'impression d'avoir déjà réussi à parler en public. Comme elle a déjà réussi une première fois, c'est plus facile pour elle de recommencer «en vrai», et cela produit le même effet lorsqu'elle passe réellement à l'action.

Vous le faites déjà tout seul, mais le plus souvent à l'envers: vous vous voyez échouer, avoir peur, être bloqué et/ou tremblant, et devinez quoi...

Si cela vous est déjà arrivé, félicitations! Vous avez fait sans le savoir de l'autosuggestion hypnotique.

Les croyances sont clairement de deux types : limitantes ou dynamisantes. Selon vous, lesquelles doit-on évacuer et lesquelles développer et consolider ?

Je pense que nous sommes tous d'accord sur la réponse. Enfin, si vous avez choisi de développer et consolider les croyances dynamisantes, bien sûr !

Pour votre gouverne, je vous précise qu'on parle aussi de croyances bénéfiques ou aidantes, mais il existe encore bien des synonymes et des intitulés différents. Pour ma part, je vous encourage à trouver le terme qui vous convient le mieux et vous fait vraiment réagir.

Maintenant que ce point est éclairci, nous allons nous intéresser aux caractéristiques des croyances, puis je vous proposerai un exercice. Alors, commencez déjà à vous motiver pour le réaliser.

Les croyances limitantes

Dans le champ qui nous intéresse, nous pouvons déterminer trois grandes croyances limitantes : le manque de confiance en soi, le manque d'espoir et le manque de reconnaissance. Ces trois croyances ont une influence considérable sur notre santé mentale et physique.

Nous parlons de manque de confiance en soi ou en ses capacités/compétences quand une personne pense qu'elle ne peut pas y arriver : « Je ne peux pas », « Je ne suis pas capable ».

Nous parlons de manque d'espoir si une personne s'imagine que ce qu'elle veut obtenir n'est pas possible, que son objectif est hors d'atteinte : « C'est impossible, c'est trop dur, c'est trop loin. »

Enfin, nous parlons de manque de reconnaissance quand une personne s'est persuadée que telle chose n'est pas pour elle, qu'elle ne la mérite pas ou qu'elle n'est pas assez bien : « Ce n'est pas pour moi, je ne le mérite pas » ou « C'est tout ce que je mérite. »

Chacune de ces croyances, voire les trois en même temps pour les moins chanceux, s'est installée au fil des ans à cause de l'entourage, comme une programmation insidieuse. Elle s'est confirmée par des expériences de vie. Je tente de réaliser quelque chose, j'échoue et cela donne raison à tous ceux, y compris moi, qui pensaient qu'il était impossible de réussir cette chose.

Pour réussir, il est fondamental de reconnaître le type de discours qui accompagne chaque croyance (certains parlent d'autosabotage, pourquoi pas). Imaginons un saboteur intérieur qui, quoi que vous imaginiez ou souhaitiez, s'échine à vouloir tout démolir. Mais, pourquoi fait-il cela ?

Voilà la bonne question à se poser.

Revenons un instant à notre cerveau « triunique » et examinons le processus à l'œuvre dans les croyances limitantes : le néocortex souhaite obtenir quelque chose, c'est le « vous » conscient qui veut quelque chose, un objectif qui « vous » semble très important.

Et maintenant imaginons ce qui se déroule dans la partie inconsciente de notre esprit : « Depuis mon plus jeune âge, j'ai appris des personnes qui m'entourent (la représentation des adultes sécuritaires et bienveillants) que cela n'était pas pour moi, que je n'en valais pas la peine. Je vais donc répondre positivement à l'injonction programmée dans mon esprit "Ce n'est pas pour moi" et mettre de l'énergie à éviter ce qui pourrait remettre en question mon équilibre si durement acquis. »

Nous avons là un exemple parfait de ce que nous pouvons appeler des croyances conflictuelles. « Je » (conscient) veux obtenir ça et « il » (inconscient) m'en empêche. Et voilà comment la plupart des personnes qui consultent ou participent à nos séminaires commencent leur dialogue avec leur inconscient.

À l'inconscient « Saboteur » préférez l'inconscient « Ami »

Ce postulat part d'une règle simple, commune à de nombreuses civilisations et qui fonctionne très bien : **parlez gentiment à quelqu'un et il vous parlera gentiment ; insultez quelqu'un et vous pouvez commencer à vous préparer au pire.**

Donc, prenez un instant la place de votre inconscient et imaginez le nombre de suggestions négatives qu'il a reçues pendant toutes ces années : « Arrête, ce n'est pas pour toi ! », « Tu n'es pas fait pour ça ! », « Tu es vraiment un bon à rien ! », « Tu n'as toujours rien compris ! », « T'es aussi nul en maths que ta mère ! » J'arrête là, car je vais finir par vexer quelqu'un.

Soyez sûr que les personnes à qui vous aimeriez ressembler, qui ont su développer des compétences particulières (celles que vous rêvez d'avoir) ont, d'une manière ou d'une autre, utilisé consciemment, et plus probablement inconsciemment, des stratégies et des croyances qui les ont aidées à faire ce qu'elles font.

Tout d'abord, pour réussir, vous devez être capable de changer vos croyances limitantes, de trouver une nouvelle dynamique mentale. Des outils d'autohypnose vont vous y aider, même si, je le répète, vous n'êtes pas obligé d'identifier certains des schémas responsables.

Nous sommes donc déjà en train de voir comment changer. L'autohypnose est en quelque sorte une manière de « reprendre le pouvoir » sur nous-même et sur notre vie.

D'ailleurs, pour certains hypnothérapeutes, l'essentiel de leurs interventions se situe dans l'identification des croyances limitantes et dans leur transformation en de meilleures croyances plus aidantes.

Maintenant, voyons pourquoi les croyances limitantes sont si difficiles à identifier.

Elles répondent à un « algorithme » très simple : ce sont les croyances les plus inconscientes qui ont le plus d'impact. Eh oui, évidemment ! Sinon nous pourrions les identifier rapidement et nous serions capables de les modifier dans la foulée. Pour qu'elles passent inaperçues, il faut que nous ayons l'impression qu'elles n'existent pas.

Plusieurs méthodes vous permettent de « sentir » une croyance limitante derrière une situation quelconque.

1. Vous vous entendez parler d'une chose que, honnêtement, vous sentez vide de sens.
2. Vous devenez de plus en plus vague sur le sujet pour vous protéger des sentiments négatifs sous-jacents.
3. Vous parlez d'une tierce personne avec véhémence alors que vous avez le même type de comportement, sans vouloir le reconnaître. (Je tiens à partager avec vous le commentaire fabuleux d'un ami à la relecture du manuscrit : « Celle-là, lecteur, accroche-toi pour l'accepter… »)

Pour gagner du temps, nous allons voir comment découvrir nos croyances limitantes. J'espère que vous vous sentez motivé, car c'est l'heure de l'exercice. Inutile de vous lever, sauf pour prendre un stylo et une feuille. Même le bout de papier qui traîne sur votre table suffira.

Cet exercice paraît tout simple, mais il peut révéler tout ce dont nous avons besoin.

➠ FAITES LE POINT SUR VOS CROYANCES

Vous découvrirez, grâce à cet exercice, les croyances qui guident vos actions, celles qui vous aident, comme celles qui vous limitent. Prenez tout le temps nécessaire pour l'effectuer, l'objectif étant de définir un grand nombre de vos croyances en utilisant des stimulateurs ou déclencheurs. Complétez rapidement (en moins de 3 minutes, chronométrez-vous si nécessaire pour respecter ce temps) les phrases suivantes en notant trois ou quatre idées chaque fois.

Avec les gens il faut toujours:

....

....

....

....

En tant que femme/homme, je dois:

....

....

....

....

Le rôle d'une mère/d'un père c'est de:

....

....

....

....

Si j'étais plus instruit je pourrais:

....

....

....

....

Une personne riche est:

....

....

....

....

Si j'étais plus sûr de moi, j'aurais la possibilité de:

....

....

....

....

Si j'étais plus riche, je pourrais:

....

....

....

....

Si je devais tout recommencer, je pourrais:

....

....

....

....

Au fond de moi, je suis convaincu que:

....

....

....

....

Avec les autres, je suis capable de:

....

....

....

....

Si j'étais plus pauvre, je pourrais:

....

....

....

....

Avec les autres, je ne suis pas capable de:

....

....

....

....

Le rôle d'un chef d'entreprise, c'est de:

....

....

....

....

Le rôle d'un salarié, c'est de:

....

....

....

....

Étape 1

Quelles sont les croyances que vous avez adoptées consciemment, c'est-à-dire en choisissant de les adopter après réflexion?
Mettez une croix à côté de celles qui correspondent à votre choix.

Étape 2

Parmi ces croyances, quelles sont celles qui sont les plus importantes pour vous?
Inscrivez deux plus (++) en face de ces croyances.

Étape 3

Quelles croyances souhaiteriez-vous abandonner si vous en aviez la possibilité? (Quelles sont celles, qui, d'après vous, vous limitent dans votre épanouissement?)

....

....

....

....

Étape 4

Quelles croyances souhaiteriez-vous acquérir qui pourraient être utiles à votre développement personnel, à votre épanouissement ?

....

....

....

....

On continue…

En relisant vos réponses, vous allez pouvoir mieux voir quelles sont vos croyances limitantes et quelles sont vos croyances aidantes. Vous pourrez même remarquer plus facilement celles qui peuvent entrer en conflit, car elles sont en opposition.

Attention, je ne veux pas dire qu'il ne faut pas avoir de croyances en conflit. Je suis un partisan farouche de la complexité de l'être humain, avec le postulat que le blanc n'existe que parce que le noir existe et que l'obscurité n'existe que par manque de lumière.

J'aime la complexité et je vous encourage d'ailleurs à lire un auteur comme Edgar Morin pour approfondir ce concept.

Les croyances opposées doivent être identifiées pour affiner le contexte dans lequel elles s'exécutent afin qu'elles ne viennent pas empiéter les unes sur les autres. Une certaine croyance peut être aidante dans un contexte et parfaitement limitante dans un autre. Vous devez donc y mettre de l'ordre, c'est-à-dire affirmer votre croyance dans le bon contexte et reconnaître votre ambivalence ou votre complexité sur ce point. Ce sera d'ailleurs un excellent axe de développement personnel pour la suite.

Pour en finir temporairement avec les croyances, il est important de revenir sur ce concept essentiel que l'on appelle « effet subliminal de l'inconscient » : **ce sont les croyances les plus inaccessibles consciemment qui ont le plus d'impact sur nos comportements**.

Prendre conscience d'une croyance ne suffit pas pour s'en débarrasser. Il nous faudra entrer en contact avec notre inconscient pour changer cette assertion.

J'en profite pour commencer doucement à distiller dans votre esprit l'information que l'autohypnose est partout, tout le temps, et que vous passez plus de temps dans un état hypnotique que dans un état d'éveil « conscient ». C'est pour cela que je vous encourage à garder votre petit papier avec vos croyances dans un lieu de votre choix. Vous serez surpris, dans quelque temps, de remarquer que votre esprit inconscient, sans que vous vous en soyez rendu compte, a peut-être déjà « travaillé » ou « joué » avec certaines d'entre elles. Il est donc peut-être temps de vous demander quelles croyances aidantes vous voulez installer à la place de celles qui vous arrêtent. Ensuite, laissez faire votre esprit inconscient : il comprendra aisément le message. Quant à vous, vous n'avez qu'à continuer à croire que c'est vous qui êtes consciemment à l'origine du changement. Lisez la suite et vous comprendrez mieux de quoi je veux parler.

Et si on changeait de croyances ?

« Toute vérité passe par trois étapes : elle est d'abord tournée en ridicule. Puis on s'y oppose violemment. Finalement, elle est acceptée comme évidente. »

Arthur Schopenhauer

Je vous propose maintenant de prendre quelques instants pour lire et relire l'exercice qui arrive. Je l'ai intitulé : « De nouvelles croyances en 10 étapes ».

Tiens, on dirait le titre d'un de ces articles de blog qui pullulent sur la toile. Serais-je en train de vous donner des astuces banales et galvaudées ? Peut-être !

Seuls votre expérience et votre propre jugement pourront répondre à cette question. De toute façon, je n'ai rien à gagner à vous raconter n'importe quoi, puisque vous avez déjà ce livre entre les mains. La seule chose qui m'intéresse désormais, c'est de vous proposer des outils simples, efficaces et utiles, comme je le fais lors d'une séance individuelle. Il serait vraiment déraisonnable de vous donner de mauvais conseils ou une mauvaise information.

Et d'ailleurs, exagérons un instant, je vous propose de penser que tout ce que je vous dis est faux. Je répète ainsi une réponse que Richard Bandler, un des créateurs avec John Grinder de la programmation neuro-linguistique (PNL), a déjà faite : « Nous ne vous enseignons que des mensonges. Faites comme s'ils étaient vrais et vous verrez que cela fonctionne. »

Maintenant que nous avons fait le point sur cette question, continuez et autorisez-vous à changer de l'intérieur.

Lorsque vous voulez supprimer une croyance inadaptée, remplacez-la toujours par une autre qui vous correspond mieux.

Une bonne manière de faire consiste à répéter régulièrement et à haute voix la nouvelle croyance. Jusqu'à ce que vous arriviez à y croire et à habiter ce que vous dites : les affirmations doivent être remplies de sentiments et d'intention positive !

Bon, d'accord, cela fait vraiment rabâchage de grand-mère, « Fais ci, fais ça », et je vous entends déjà me répondre : « Je le fais déjà et ça ne change rien. » Mais l'essentiel n'est pas juste d'y croire ou de le faire.

Il faut une chose INDISPENSABLE, un EMC (un état modifié de conscience, je le rappelle pour ceux du fond). Tiens, je me demande si cette simple phrase : « Je le rappelle pour ceux du fond » a pu éveiller quelque chose dans votre esprit, un vieux souvenir ?

Comme quoi, une simple phrase a le pouvoir de faire bien des choses. Et c'est exactement de cela que nous parlons.

Donc, comme je le disais, une chose est INDISPENSABLE, c'est l'état hypnotique. Car c'est dans un état hypnotique que le changement se produit. Et pas seulement parce que vos ondes cérébrales changent. En fait, c'est surtout parce que c'est dans un état hypnotique que nous pouvons amplifier nos émotions. **Or nos émotions sont la clé de notre changement.**

« Il n'y a pas de changement sans émotion. Sans émotion, il est impossible de transformer les ténèbres en lumière et l'apathie en mouvement. »

Carl Gustav Jung

➠ DE NOUVELLES CROYANCES EN 10 ÉTAPES ?

Étape 1

Choisissez un aspect de votre vie que vous désirez améliorer.

Étape 2

Décidez de ce que vous voulez voir se produire dans ce domaine de votre vie.

Étape 3

Formulez à la première personne (« Je ») une phrase simple qui exprime votre nouvelle croyance.

Étape 4

Soyez à l'écoute de vos ressentis en disant à haute voix cette affirmation.

Étape 5

Répétez votre affirmation tous les jours.

Étape 6

Imaginez comment réagir en l'absence de cette nouvelle croyance.

Étape 7

Imaginez des situations de vie avec cette nouvelle croyance.

Étape 8
Imaginez des situations de vie sans cette nouvelle croyance.

Étape 9
Soyez persévérant.

Étape 10
Encore plus persévérant.

Mémorisez vos nouvelles croyances

Certains vont sans doute me demander : « Pourquoi visualiser des situations sans cette nouvelle croyance ? C'est contradictoire avec tout ce que je connais sur la visualisation créatrice ou avec la plupart des préceptes de développement personnel qui prônent la pensée positive. »

C'est là que je me dissocie de certains de mes collègues et que mon parcours universitaire refait surface. De nombreuses études expliquent clairement pourquoi procéder ainsi. Mais je ne voudrais pas briser votre curiosité en répondant immédiatement à cette question. Nous y reviendrons assez longuement lorsque nous aborderons les outils à utiliser en autohypnose.

Pour le moment, conservez à l'esprit ces formulations qui vous aideront à placer vos nouveaux objectifs plus nettement et plus facilement, avec une structure facile à enregistrer et à utiliser lorsque vous vous retrouverez en transe hypnotique. Prenez le temps de les préparer et de les noter quelque part pour les relire souvent, vous en imprégner et en imprégner aussi votre inconscient.

Lorsque vous aurez pris l'habitude, vous remarquerez la facilité avec laquelle formulations vous viendront.

Pour le moment faites surtout confiance à votre pouvoir de mémorisation.

« Je suis (votre prénom) et j'apprends à être___ ! » « Je m'appelle (votre prénom) et je suis en train de___ ! » « Par choix et par entraînement, je deviens de plus en plus___ ! » « Je suis (votre prénom) et j'ai envie de___ ou mieux ! » « Je suis (votre prénom) et je m'autorise à___ ou mieux ! » « Je suis (votre prénom) et je choisis de___ ! » « Je suis (votre prénom) et je suis prêt à___ ! » « Je suis (votre prénom) et je décide de___ ! » « Je suis (votre prénom) et je mets en place pour moi-même___ ! »

Il existe aussi des techniques de renforcement pour consolider au quotidien le travail de votre inconscient. Comme nous l'avons vu plus haut, ce sont les croyances et les affirmations les plus inaccessibles ou les plus invisibles qui ont le plus d'impact sur nos comportements.

- Mettez des copies écrites de vos affirmations sur les murs, le réfrigérateur…
- Faites un enregistrement de vos affirmations avec votre propre voix…
- Incorporez la visualisation créative à vos affirmations. Projetez-vous au moment précis en train de vivre les choses que vous désirez réussir. Et surtout, pensez

aussi à visualiser ce que vous feriez si vous ne réussissez pas à vivre ce que vous désirez vivre.

- Lorsque vous énoncez vos affirmations, utilisez chacun de vos 5 sens pour garder en mémoire les sensations que vous avez en vous.
- Installez un logiciel subliminal sur votre ordinateur et programmez vos affirmations : elles s'afficheront quelques millièmes de secondes sur votre écran d'ordinateur pendant que vous travaillez. Vos yeux ne détecteront rien mais votre esprit les enregistrera en profondeur (les études à ce sujet sont saisissantes*).

Vous pouvez aussi jouer avec le subliminal en utilisant cette astuce que j'aime beaucoup : vous écrivez votre croyance positive sur un bout de papier que vous aurez préalablement découpé en bande. Scotchez ce bout de papier sur le haut de la façade d'un tiroir que vous utilisez régulièrement (bureau, cuisine, atelier…). Le papier, une fois collé, disparaît sous le tiroir quand celui-ci est fermé, et est de nouveau visible lorsque vous ouvrez le tiroir. Au début, vous verrez ce papier chaque fois, puis vous ne le remarquerez plus à mesure que le

*Une étude a montré que des personnes à qui l'on avait demandé de lire attentivement un texte sur ordinateur ne prêtaient aucune attention aux publicités présentes en périphérie du regard. Pourtant, statistiquement, dans une autre expérience apparemment sans lien avec la première, ces mêmes personnes ont noté plus favorablement les produits ou services qu'ils avaient vus inconsciemment quelques jours plus tôt.

temps passera. Il jouera pleinement son rôle au niveau subliminal.

Je vous propose aussi de faire attention à ce que vous regardez. Je ne saurais d'ailleurs que trop vous inciter à vous focaliser sur les choses qui vous renvoient une bonne image de vous et à éviter les autres. Vous aurez ainsi fait un immense pas vers une excellente maîtrise de l'autohypnose.

Utilisez cette faculté de votre esprit à « voir » et « intégrer » le subliminal. Programmez-vous avec le meilleur code possible.

« Je n'en ai pas l'assurance formelle, mais je choisis d'y croire parce qu'alors, si j'agis en conséquence, ma vie s'écoule mieux. Je ne me sens jamais victime des circonstances. »

Dan Millman,
Le Voyage sacré du guerrier pacifique.

Mes derniers mots pour ce chapitre

À la lecture de ces premières pages, un de mes amis, à qui j'avais demandé une relecture bienveillante et une relecture moins bienveillante de mon manuscrit, a souligné qu'une des métaphores que j'utilisais le plus souvent en formation n'était pas encore apparue dans mon exposé. Or, je n'ai pas du tout l'intention de vous la cacher.

Imaginons un instant notre esprit « entier » comme une bouteille en verre avec un bouchon : la partie consciente est représentée par le bouchon, l'inconsciente par l'intérieur de la bouteille. Pour ceux qui n'attendent qu'un prétexte pour contredire cette métaphore, disons que le verre de la bouteille est notre boîte crânienne, comme cela la métaphore est complète…

Dans le cadre de l'autohypnose, nous partons du principe qu'il faut générer une « dissociation » entre la partie consciente et la partie inconsciente de notre esprit. « Dissocier » le bouchon de la bouteille lorsque nous voulons profiter de ce qu'il y a à l'intérieur ou y ajouter quelque chose.

Maintenant, disons que pour utiliser ou ajouter du contenu, il nous faut enlever le bouchon. Dans le cas de notre métaphore, vous conviendrez qu'il est facile de vérifier si notre bouteille et notre bouchon sont « dissociés », mais qu'en est-il de notre conscient et de notre inconscient ?

Pour aller plus loin, il me faut expliquer les concepts de « dissociation » et « d'hypnose ».

Chapitre 2

Quelques généralités sur l'hypnose

Parlons un peu des ondes cérébrales

Grâce à l'invention de l'IRM (imagerie par résonance magnétique) et de l'électroencéphalogramme, la médecine traditionnelle nous enseigne que notre cerveau émet différents types d'ondes. Dans le cerveau vivant, des millions de cellules nerveuses communiquent entre elles en émettant des minuscules impulsions électriques. Cette activité peut être enregistrée en plaçant des électrodes sur le cuir chevelu. En amplifiant les signaux et en les affichant sur un écran d'ordinateur, nous pouvons observer plusieurs types d'ondes émises par notre cerveau. Cette méthode de mesure est appelée électroencéphalographie (EEG).

On découpe généralement l'activité cérébrale en cinq groupes d'instincts : alpha, bêta, thêta, delta et gamma. Ces catégories sont associées à la rapidité de l'oscillation (fréquence) des ondes cérébrales. Nous savons désormais, grâce aux chercheurs, que ces différents états de conscience existent bel et bien.

Les ondes lentes (delta) dominent dans un état de sommeil profond, alors que les ondes de haute fréquence (bêta) sont plus répandues au cours d'une activité consciente et éveillée. Mais ce sont les ondes alpha et thêta qui sont associées à la relaxation profonde et à la méditation. Donc ce sont elles que l'on veut obtenir pour des séances de méditation, d'hypnose ou d'autohypnose.

Les ondes bêta : 15-30 Hz

C'est le rythme du cerveau à l'état normal d'éveil associé à la réflexion, à la résolution des problèmes et à une attention active orientée vers le monde extérieur. Vous êtes plus susceptible d'être dans un état « bêta » pendant que vous lisez mon livre pour bien comprendre ce que je vous raconte.

Les ondes alpha : 9-14 Hz

Lorsque vous êtes vraiment détendu, votre activité cérébrale se ralentit en partant des ondes rapides (bêta) pour aller vers les ondes plus douces (alpha). Vous êtes frais et dispos, plein d'une énergie créatrice qui commence à couler intérieurement, vos craintes disparaissent et vous éprouvez un sentiment de paix et de bien-être.

L'état « alpha » est le moment où débute la méditation (ou l'hypnose) et où vous commencez à accéder à la richesse et à la créativité qui se situent en dessous de votre conscience (dans votre inconscient). C'est la passerelle qui mène à des états de conscience plus profonds.

Vous vous demandez si vous vous souvenez de ce que vous venez de lire? C'est sans doute que vous étiez dans un état « alpha » ou « thêta ». Nous appellerons cela un état hypnotique.

Vous ressentez le besoin de relire ces dernières pages parce que vous ne savez plus bien ce que vous avez lu ? Il y a des chances pour que vous veniez de traverser un état hypnotique, avec une amnésie spontanée due soit à la saturation de votre conscient (trop d'informations), soit à l'ennui. Je préfère de loin la première option !

Dans le cas contraire, fermez ce livre et revenez-y plus tard. Votre conscient vous a emmené faire la liste de vos prochaines courses ou d'un dossier en attente. Quoi qu'il en soit, laissez faire et profitez de l'état dans lequel vous êtes, car soit il est adapté à cette lecture, soit vous allez rapidement y remédier pour qu'il le devienne.

Les ondes thêta : 4-8 Hz

Si vous allez plus loin dans la relaxation, vous entrez dans l'état « thêta », où l'activité du cerveau ralentit jusqu'au point de sommeil. Les ondes thêta induisent une réceptivité accrue, une mise en place de l'imagerie onirique, une inspiration développée. Des souvenirs oubliés peuvent même refaire surface et vous avez parfois la sensation de « flotter » ou d'être très léger. Vos perceptions conscientes changent et vous accédez plus facilement à votre plein potentiel.

L'état « thêta » est l'un des royaumes les plus insaisissables et les plus extraordinaires que nous pouvons explorer. Il est aussi connu comme l'état crépusculaire que nous avons « seulement » lors d'expériences fugaces, quand nous nous élevons depuis les profondeurs des ondes delta jusqu'au réveil ou lorsque nous dérivons vers le sommeil. En « thêta », nous sommes dans un rêve éveillé, donc réceptifs à l'information au-delà de notre conscience normale. Certaines personnes pensent que la méditation « thêta » réveille l'intuition et d'autres compétences de perception extrasensorielle.

Les ondes delta : 1-3 Hz

Elles correspondent à l'activité cérébrale la plus lente et elles sont détectées pendant le sommeil profond et sans rêve. On les observe aussi parfois chez les méditants expérimentés.

Les ondes gamma : 30 - 65 Hz

Ces ondes qui témoignent d'une grande activité, par exemple pendant les processus créatifs ou quand on cherche à résoudre un problème.

Quel rapport avec l'hypnose ?

Il existe encore beaucoup de zones d'ombre sur les ondes et des débats subsistent. Mais il y a deux types d'ondes qui nous intéressent particulièrement pour l'hypnose : les ondes alpha et les ondes thêta. On peut lire pas mal d'inepties sur le sujet, par exemple que l'état d'hypnose ne s'obtient qu'en état « alpha ». Je souhaite bon courage à tous ces hypnologues, pour certains d'entre eux très réputés (ce qui rend sans doute leurs croyances encore plus fortes), car en gros il nous faudrait tous posséder un électroencéphalographe pour contrôler la fréquence de nos ondes cérébrales et nous assurer que nous sommes précisément en état « alpha » avant de pouvoir entamer une séance d'hypnose.

Étant donné que j'ai perdu le mien dans mon dernier déménagement, j'ai dû trouver d'autres méthodes pour pratiquer l'hypnose. D'ailleurs, maintenant que j'y pense, je gagne beaucoup de temps à ne plus scotcher les électrodes sur le crâne de mes patients. Cela fait sans doute moins pro, mais je m'en moque.

Plaisanterie mise à part, ces deux ondes cérébrales sont donc nos « cibles » pour entrer dans un état hypnotique. Comme nous n'avons aucun moyen (à notre portée) pour mesurer précisément nos ondes cérébrales, je vous propose d'envisager tout ce que je vous ai dit comme une théorie qu'il est intéressant de connaître, mais qui n'est pas franchement utile dans une approche pragmatique de ces états modifiés de conscience.

Au fait, c'est quoi, l'hypnose ?

Maintenant, arrêtons-nous quelques instants pour bien nous mettre d'accord sur ce que nous appelons hypnose.

Tout d'abord, nous devons savoir si nous parlons de l'état dans lequel nous entrons ou des outils que nous utilisons. En effet, nous employons le même mot pour ces deux contenus. Nous disons aussi bien « Je suis entré en hypnose » que « Je vais faire une séance d'hypnose ».

C'est pourquoi, il me semble nécessaire de bien distinguer ces deux aspects tout au long de ce livre. J'espère le faire assez clairement pour ne pas trop vous égarer en route.

En général, quand nous comprenons qu'il existe deux concepts dans le seul intitulé du mot « hypnose », beaucoup d'incompréhensions s'effacent et il devient plus facile d'entreprendre d'autres lectures sur ce sujet. Cela a été le cas pour moi et je vous souhaite la même redécouverte si vous adoptez cette double définition.

UN PEU D'ÉTYMOLOGIE

Encore une information inutile pour la pratique mais intéressante pour votre culture personnelle... Elle peut d'ailleurs facilement expliquer certaines croyances actuelles sur l'hypnose.

Le mot « hypnose » vient du mot grec *Hypnos*, qui désigne le dieu du sommeil. Oui, les Grecs de l'Antiquité avaient aussi un dieu pour le sommeil. Désormais, nous comprenons mieux pourquoi la majorité des gens qui parlent de l'hypnose sans jamais l'avoir « officiellement », je dirais même « volontairement », pratiquée s'imaginent qu'il y a une similitude entre l'hypnose et le sommeil. Or, l'hypnose et le sommeil ne font pas appel aux mêmes processus cérébraux. Pour parler clairement, cela n'a rien à voir!

Ne confondez pas hypnose et amnésie

Maintenant que vous savez que sommeil et hypnose n'ont rien à voir, je vous propose de sortir de votre transe et de revenir aux ondes cérébrales.

Il existe une croyance selon laquelle, en état d'hypnose, nous perdons « conscience ». Il n'en est rien, même si les médias et les hypnotiseurs de spectacle aimeraient vous faire croire le contraire.

En hypnose, nous sommes dans une conscience différente. L'impression d'« absence » ou d'« inconscience » n'est due qu'à une amnésie, qui peut être soit spontanée, soit induite ou suggérée par le praticien.

J'aimerais mieux vous expliquer le concept d'amnésie mais le risque que vous oubliiez le début du livre est un peu trop grand. Si c'est déjà le cas, prenez une grande « inspiration » et laissez-vous guider. La suite est assez simple.

Je vous propose de garder à l'esprit, pour vos prochaines autoséances, une autre chose qui m'amuse. Gentiment, bien sûr. La plupart des gens qui viennent consulter commencent en me disant qu'ils n'ont jamais fait d'hypnose. S'ils ne vivent pas une amnésie complète ou partielle lors de la séance, ils repartent persuadés qu'ils n'ont pas été hypnotisés. Ils associent tellement cette croyance au fonctionnement hypnotique que c'est leur seul moyen de mesurer l'efficacité immédiate d'une séance. Or, ces personnes jugent un processus qu'elles affirment ne pas connaître. Ce qui n'est pas cohérent.

Comment peut-on savoir qu'un état de transe a été atteint si on ne sait pas à quoi cela ressemble (sauf en imagination) ? Vous ne pouvez pas savoir si vous êtes en transe si vous n'avez jamais appris à reconnaître cet état-là.

Pour sortir la tête haute de cette incohérence, ces personnes jugent ce qu'elles imaginent être un état hypnotique avec la seule référence qu'elles possèdent, à savoir leurs croyances. On y revient !

Dans la plupart des croyances sur l'hypnose, on retrouve très souvent la sensation d'amnésie, avec oubli d'une partie ou de la totalité d'un moment, d'un processus ou d'une pensée. C'est là une vision très réduite de ce qu'est réellement un état hypnotique.

Donc, évitez de faire la même erreur lors de vos premières expériences d'autohypnose. Ne jugez pas trop promptement un processus ou un état que vous ne maîtrisez pas encore parfaitement.

Je m'explique : faites attention à ne pas sous-estimer vos compétences à entrer dans un état hypnotique. Faute d'indulgence, vous ne serez pas près de savoir à quelle profondeur de transe vous parviendrez au cours de votre expérience hypnotique.

Si vous ne me croyez pas, répétez-vous simplement que vous entrez déjà spontanément dans un état hypnotique depuis que vous êtes venu au monde. Il vous semble que cette action vous est parfaitement inconnue ? Je vous répète, au risque d'exagérer, que mon but est de

« vraiment » vous faire profiter pleinement de vos prochaines expériences d'hypnose.

Un peu d'indulgence, que diable !

Vous n'avez pas encore les outils ou la connaissance pour mesurer votre vitesse de progression. Alors je vous propose de poser immédiatement un postulat simple et accessible à tous : *chaque fois que vous aurez terminé une autoséance*, vous déciderez d'oublier de vous demander si vous avez été dans le « bon état » de conscience et vous vous attacherez à profiter pleinement de ce que vous avez fait, sans chercher à savoir si cela était « bien » ou non !

Prenez un instant et écrivez sur une feuille : **« Je décide que l'autoséance que je viens de faire était aussi bien que ce que je pouvais réaliser à ce moment-là et que j'étais dans le meilleur état modifié de conscience possible pour ce que j'avais besoin de faire. »**

Rangez cette feuille et sortez-la chaque fois que vous finissez une autoséance, pour toujours vous souvenir de rester humble et bienveillant vis-à-vis de vous-même.

Ne cherchez pas à diriger votre inconscient

« Ceux qui cherchent à échapper aux problèmes de la vie quotidienne par des expériences spirituelles prennent la mauvaise route, car leur quête ne fait qu'intensifier le malaise qui les a motivés au départ. Ceux qui pratiquent des techniques personnelles pour se distraire des dilemmes de la vie quotidienne ne vont monter les degrés de l'échelle

que pour découvrir qu'elle est appuyée contre le mauvais mur. Ce n'est pas en imaginant des lumières colorées ou en faisant de charmantes visualisations que l'on rencontre le Moi Supérieur, mais en acceptant sa volonté... en devenant le Moi Supérieur. Nous évoluons non en cherchant à partir ailleurs, mais en faisant attention et en percevant tout ce qu'il y a là, devant nous. »

Dan Millman,
Le Voyage sacré du guerrier pacifique.

Comme vous l'aurez probablement compris, je suis un adepte de l'hypnose « naturaliste ». Je ne crois pas que ce concept ait jamais été réellement « élaboré » ou « revendiqué ». Pour Ernest Rossi, un disciple de Milton Erickson, l'induction naturaliste part du principe que notre inconscient est un immense réservoir de ressources. Il serait vain d'essayer consciemment de le guider, puisqu'il possède une « vision » globale de notre « être ». L'essentiel est de lui donner une direction ; ce sera à lui d'utiliser les meilleurs outils et ressources pour atteindre cette direction.

Attention, si vous cherchez à utiliser l'hypnose pour prendre le contrôle de votre inconscient et apprendre l'autohypnose pour lui imposer plus facilement vos « vues » sur le meilleur moyen de changer ou de dépasser vos problèmes, je suis un mauvais guide. Tout simplement parce que je ne sais pas le faire moi-même, je ne crois fondamentalement pas que les choses fonctionnent comme ça avec notre inconscient.

Imaginez plutôt votre inconscient comme un ami formidable, aimant, facile, gentil, bienveillant, doux et affectueux par nature.

Imaginez aussi que ce formidable ami parle la langue qui vous est la plus étrangère au monde. Comment dire à cet ami ce que vous attendez de lui et ce que vous pouvez lui offrir ? C'est bien là le cœur du problème !

Mais je vous entends déjà râler : « Alors apprenez-moi sa langue, que diable, et finissez-en avec vos digressions ! Quand allons-nous enfin pour de vrai entrer dans le vif du sujet et passer à l'hypnose ? »

Je sens que vous risquez d'être encore plus fâché, car en fait nous avons déjà commencé. Tout au long de ces premières pages, nous avons abordé par petites touches un certain nombres de concepts, ainsi que quelques suggestions pour vous amener à vivre plus facilement et plus rapidement tout ce que je souhaite partager avec vous. En même temps, cette préparation était nécessaire pour vous permettre de profiter plus facilement de ce savoir. J'espère donc que vous serez indulgent avec mes digressions.

« Il a compris qu'il ne pouvait pas tout faire pour vous – du moins pas tout d'un coup. Il ne pouvait pas saturer votre psyché. »

Dan Millman,
Le Voyage sacré du guerrier pacifique.

Une nouvelle façon de communiquer avec notre inconscient

Il nous faut du temps et une certaine pratique pour nous amener à faire ou à penser quelque chose qui diffère de nos habitudes. Déjà, il me semble important de vous amener à envisager que l'autohypnose puisse être une nouvelle façon de communiquer avec votre esprit profond, en souplesse et surtout dans la joie de la demande.

Notre inconscient peut réaliser des choses exceptionnelles. J'en ai moi-même été témoin, mais je n'en parlerai pas pour des raisons évidentes d'éthique. Notre esprit, la science nous le prouve sans cesse, est capable de choses fantastiques. Alors autorisez-vous à lui demander de les réaliser. Autorisez-vous à les voir se produire, en supprimant vos inhibitions et vos craintes.

Vous lirez dans certains ouvrages de psychologie que l'être humain a plus peur de la réussite que de l'échec. Il en va de même face aux problèmes. Beaucoup de gens (et c'est peut-être aussi votre cas) se demandent quand tout va bien : « Quand est-ce que ça va finir ? Quand est-ce que je vais tomber ? Payer pour tout ce qui m'arrive de bien ? Cela ne peut pas durer, il va bien falloir que ça s'arrête. »

À y regarder de plus près, est-ce que cela ne ressemble pas à des injonctions ou à des suggestions pour échouer ou pour rater de futurs événements ?

Pour répondre implicitement à la croyance que tout doit forcément « se payer un jour », voici un slogan qui vous rappellera quelque chose :

« J'échoue ! Parce que je le vaux bien ! »

On n'est pas dans une pub pour un shampoing, mais dans la vie réelle, qui se programme et s'autosuggestionne en permanence. Alors pourquoi toujours dans le sens négatif ?

En même temps, je tiens à profiter de l'occasion pour vous annoncer une très bonne nouvelle : avec cette faculté d'autosuggestion que vous possédez sans le savoir, vous faites déjà de l'autohypnose. Par contre, pour le moment, vous ne la faites pas dans le bon sens.

Commencez à ouvrir vos yeux et vos oreilles intérieures (je pense que vous ne lisez pas à voix haute !). Nous allons aborder maintenant ce qui vous intéresse le plus. Je vous ai fait attendre assez longtemps comme ça.

Si vous avez lu toutes les pages jusqu'ici, vous pouvez vous féliciter. Car contrairement à ceux qui ont sauté le début du livre, les concepts abordés vous seront d'une grande utilité, même si vous ne vous en rendez pas compte. Vous avez bien fait de vous faire confiance et de tout lire. Je vous promets que la compréhension de ces concepts (découverte pour certains et redécouverte pour d'autres) va réellement vous faciliter à assimiler la suite du livre et vous aider dans votre pratique régulière de l'autohypnose.

Comment entrer dans un état hypnotique ?

Il est préférable que je renouvelle le « cadre » pour ceux qui auraient sauté quelques paragraphes. Entrer dans un état hypnotique est souhaité pour « utiliser » un état où notre « inconscient » est « suggestible ». En d'autres termes, c'est dans cet état que je peux le mieux l'« influencer » par des suggestions ou des injonctions.

Oubliez l'envie de tout contrôler, car nous ne connaissons pas du tout le processus d'intégration et d'acceptation d'une suggestion par l'inconscient. Nous ne savons pas pourquoi telle suggestion sera acceptée « immédiatement » et pourquoi une autre ne le sera que plus tard, voire jamais. Donc je vous encourage une fois de plus à trouver en vous une source profonde d'humilité, de patience et de persévérance. Quand on parle d'hypnose ou d'autohypnose, on parle de répétition et de répétition et encore de répétition… C'est un processus que tout « padawan » (« apprenti ») en autohypnose devrait connaître : il faut répéter, répéter, répéter. Entraînez-vous, entraînez-vous encore et encore, sans relâche, et surtout ayez le sens de l'humour, car si vous espérez qu'une grande pancarte se dressera devant vous pour annoncer que vous avez réussi, vous risquez d'attendre longtemps !

C'est pourquoi je vous encourage dans un premier temps à reconnaître de mieux en mieux et de plus en plus souvent ce que Milton Hyland Erickson appelait les états de transe quotidienne. Comme nous l'avons déjà abordé plus haut – je vous avais bien dit que ça servirait –, nous entrons SPONTANÉMENT dans un état hypnotique plusieurs fois dans la journée. Tout le monde n'est pas d'accord sur le cycle et la durée de ces phases : certains parlent d'état modifié de conscience (EMC) toutes les 90 minutes, d'autres de cycles de 45 minutes ou de 1 h 30.

Je sais, on ne vous la fait pas, 90 minutes et 1 h 30 c'est pareil, et 45 c'est la moitié de 90. En même temps, 45 est ce qu'on appelle un nombre figuré triangulaire en arithmétique. Selon *Wikipédia*, ce nombre « correspond à un entier positif égal au nombre de pastilles dans un triangle construit à la manière de la figure ci dessous.

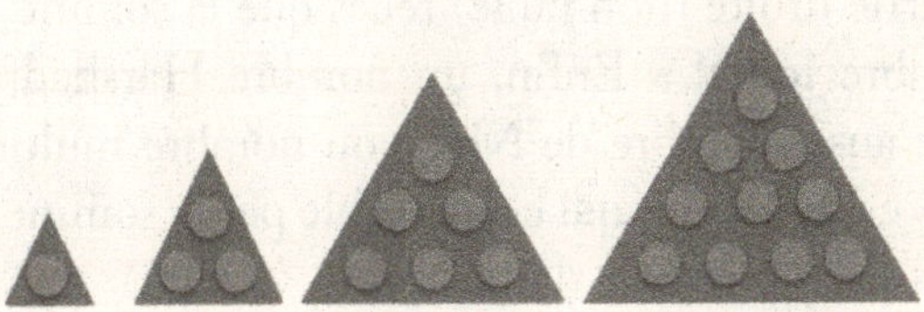

Cette figure montre que 28 est le septième nombre triangulaire, ou encore le nombre triangulaire d'indice 7. Une définition plus formelle s'obtient par récurrence : le nombre triangulaire d'indice 1 est égal à 1, et un nombre triangulaire est égal à son prédécesseur additionné de son indice. »

Et encore ce n'est rien, car 45 est aussi un nombre hexagonal, c'est-à-dire, toujours selon Wikipédia, « un nombre figuré qui peut être représenté par un hexagone. Pour un entier naturel non nul *n*, le nombre hexagonal de rang *n* est $n(2n-1)$. »

Je vais maintenant pousser plus loin l'art de vous assommer en vous rappelant que 45 est aussi un nombre polygonal, un nombre de Kaprekar et un nombre Harshad. Pour citer encore Wikipédia, « un nombre polygonal est un nombre qui peut être représenté par un polygone régulier. Les mathématiciens de l'Antiquité ont découvert que des nombres pouvaient être représentés en arrangeant d'une certaine manière des cailloux ou des graines. » Par ailleurs, « un nombre de Kaprekar est un nombre qui, dans une base donnée, lorsqu'il est élevé au carré, peut être séparé en une partie gauche et une partie droite (non nulle) telles que la somme donne le nombre initial. » Enfin, un nombre Harshad, qu'on appelle aussi nombre de Niven ou nombre multinumérique, « est un entier qui est divisible par la somme de ses chiffres dans une base donnée. »

Si tout ça, ce n'est pas totalement hypnotique…

Excellent moyen pour provoquer un début de confusion (ou saturation psychique) et entrer spontanément dans les prémices d'un EMC (état modifié de conscience, je le rappelle pour ceux qui n'ont pas suivi…).

Pour être confus, il faut accepter de l'être et surtout accepter de continuer à se laisser embarquer dans la confusion en laissant s'installer doucement cet état de conscience différent. Vous voyez, cela commence à vous revenir, tous les petits moments de la journée où l'information diffusée, du fait de sa complexité ou de son inutilité, fait place dans votre esprit à un état propice à la rêverie ou à l'« absence ». C'est ça, vous y êtes : c'est le fameux état de transe quotidien dont parlaient Milton Hyland Erickson et Ernest Rossi.

Vous pourrez donc mieux reconnaître cet état de transe lorsqu'il se produit. En même temps, une question devrait vous brûler les lèvres : « Comment faire pour provoquer et amplifier cet état ? »

Avant d'y répondre, je pense qu'une autre question mérite d'être posée : « Comment faire pour ne pas revenir dans un état de conscience "normal" lorsque je me rends compte que je rentre dans un état de conscience modifié ? » Voilà une excellente question et je me remercie de l'avoir posée ! En fait, cette problématique concerne la plupart des apprentis en autohypnose : vous cherchez à savoir si le bouchon est bien parti et là, comme par enchantement, il réapparaît et vous voilà de nouveau bien plus conscient que vous ne le souhaitez.

Arrêtez de chercher à enlever le bouchon et faites « comme si » il était bien parti. Car plus vous chercherez à savoir où est il est, plus il reviendra à sa place.

D'ailleurs, pour vraiment comprendre que l'état hypnotique s'obtient souvent sans en parler, je vous encourage à lire les livres de Tony Robbins ou à vivre une de ses formations. Vous remarquerez qu'il ne parle que très rarement d'état hypnotique et pourtant il utilise tout le temps l'hypnose et l'autohypnose dans ses processus de suggestions et d'autosuggestions. Robbins utilise le terme *peakstate*, ce que l'on pourrait traduire par « état de grande énergie ». Il préconise de se mettre dans cet état pour atteindre notre esprit et nous « programmer » ou nous « reprogrammer ».

Une simplification qui freine les trois quarts des apprentis. Pour Robbins, on ne doit pas chercher à savoir si on se trouve ou non dans un état « hypnotique » : il propose à ses apprentis de se mettre dans un état où ils ressentent une grande énergie d'action et il leur affirme ensuite que c'est dans cet état-là qu'ils peuvent « tout » accomplir. Je le rejoins en grande partie, même si, pendant la formation que j'ai suivie avec lui, je désespérais de l'entendre parler de méditation, de relaxation ou de saturation psychique, qui sont d'autres modes d'accès à l'état hypnotique. Car il existe une multitude de façons d'entrer dans un état hypnotique, spontanément ou volontairement. Nous allons d'ailleurs en découvrir plusieurs dans les prochains chapitres.

« Il m'a également parlé de graines qu'il a semées dans votre esprit et votre cœur et qui germeront plus tard. Je suis ici pour alimenter, pour les aider à pousser. »

Dan Millman,
Le Voyage sacré du guerrier pacifique.

Chapitre 3

Tout ce qu'il faut savoir sur l'autohypnose

Tout le monde la pratique, mais tout le monde ne le sait pas

Nous entrons dans le vif du sujet. En fait, vous l'avez compris, les chapitres précédents étaient préparatoires et même indispensables pour tout ce que nous allons aborder à partir de maintenant.

Déjà, vous avez appris ou réappris que tout le monde fait de l'autohypnose, tout le temps, et qu'il est bien souvent inutile de faire quoi que ce soit de façon consciente pour entrer dans un état hypnotique. Vous avez beaucoup à gagner si vous savez reconnaître cet état dans votre quotidien pour lui appliquer ce que vous allez apprendre.

Beaucoup de professionnels sacralisent un peu trop le concept d'autohypnose et proposent une lecture bien déroutante ou compliquée de ce qui est juste là, devant nous et en nous, tout le temps. Comme je suis partisan du moindre effort pour gagner en énergie et en efficacité, je vais vous parler de la transe et de notre faculté naturelle à générer cet état.

Auparavant, j'aimerais vous raconter une anecdote. J'étais en voiture et j'écoutais une radio d'information célèbre où une journaliste interviewait une hypnothérapeute et formatrice. Très heureux de tomber sur ce programme, j'ai monté le son pour profiter de son discours, et comme j'étais d'accord avec ce que disait l'interviewée, j'appréciais d'autant plus le contenu de son propos. Pourtant, quand la journaliste a embrayé sur l'autohypnose, j'aurais dû couper le son pour éviter d'assister à un déferlement de croyances limitantes. J'ai ainsi entendu la formatrice dire : « Je ne crois pas trop en l'autohypnose, d'ailleurs il m'a fallu presque deux ans pour réussir à m'auto-hypnotiser et à me faire des séances à moi-même. »

Heureusement, ma « grande capacité cognitive » m'a permis à la fois d'entendre ces sottises et de conduire, sinon j'aurais pu me jeter dans le fossé. Deux ans pour apprendre à faire de l'autohypnose ?! Mais tout le monde aurait abandonné à sa place. En même temps, je pense que le propos a besoin d'être reformulé pour être mieux compris : il a probablement fallu à cette personne deux ans *pour reconnaître et valider qu'elle faisait de l'autohypnose* – d'ailleurs, je suis enclin à penser qu'elle imagine aujourd'hui faire de l'autohypnose parce qu'elle contrôle la situation alors que, selon moi, elle devait probablement être plus efficace auparavant, lorsqu'elle pensait ne pas en faire. Elle devait toujours être à la recherche de son petit bouchon.

Gardez à l'esprit que vous n'avez pas besoin de toutes ces connaissances pour faire de l'autohypnose : vous êtes déjà parfaitement apte à le faire et vous le faites d'ailleurs très bien. Vous devez simplement apprendre à reconnaître quand vous entrez en autohypnose et à savoir « quoi faire » quand vous y êtes.

Soyons un peu concrets

L'autohypnose est un formidable outil de développement personnel pour modifier vos programmations inconscientes. Mais il vous faut d'abord identifier clairement ce que vous voulez modifier et, surtout, ce que vous voulez obtenir. Il vous faut des objectifs *plausibles*. Je dis « plausibles », parce que la seule limite à votre pouvoir personnel est votre imagination. Vous ne pouvez atteindre que ce en quoi vous croyez. Ensuite, vous pouvez soit profiter d'une transe quotidienne pour entamer un processus de séance hypnotique, soit déclencher cette transe vous-même en vous mettant dans un état hypnotique. C'est ce que l'on appelle l'induction.

UN PEU DE VOCABULAIRE

Une induction est un processus qui permet de passer d'un état « normal » de conscience à un état « modifié » de conscience. Il existe autant d'inductions que vous pouvez en inventer.

Quand vous aurez appris à reconnaître chez vous les signes de transe (je vous proposerai plus loin une liste non exhaustive des différents signes de transe), vous saurez que le bouchon est dissocié ou qu'il est en train de l'être, et vous pourrez alors profiter de votre état hypnotique en utilisant différents outils (visualisation, autosuggestion, etc.), sous forme de protocoles ou non.

LE PROTOCOLE HYPNOTIQUE

Un protocole hypnotique est très utile pour l'apprenti, car il lui permet de faire « ce qu'il faut » dans le « bon » ordre. Cela le sécurise et lui permet de constater que ce qu'il fait est « bien », ce qui lui donne souvent envie d'aller plus loin parce qu'il réussit à faire ce qui est « prévu ».

Même si ma nature profonde m'éloigne d'un tel fonctionnement, je sais que beaucoup d'entre vous ont déjà « essayé » de s'auto-hypnotiser en s'aidant de livres. Pour tenter de répondre à tous les types de demandes et comme certains ont besoin de protocoles, je vous proposerai ceux qui ont donné d'excellents résultats lors de nos sessions de formation.

La visualisation, ça peut marcher…

Parlons maintenant des outils à utiliser pour tirer parti d'un état hypnotique. Nous avons parlé plus haut de la visualisation et je vous ai alerté sur le risque de contre-productivité d'une visualisation simple. D'ailleurs, je suis sûr que vous avez déjà visualisé des objectifs qui ne se sont pas mieux réalisés que si vous n'aviez rien fait.

Des études récentes ont démontré que lorsque nous visualisons une situation de réussite, nous éprouvons un sentiment positif lié à l'atteinte de cet objectif. Mais cette plus grande confiance en nous diminue notre capacité d'action. Je m'explique avec une expérience menée pour une de ces études. Il a été demandé à un groupe d'étudiants qui devaient passer un examen de se visualiser en train de le réussir et d'obtenir une excellente note tandis que les étudiants d'un autre groupe passaient simplement le même examen, sans qu'on leur demande rien de précis ni qu'on leur parle de visualisation. Les résultats sont éloquents : le groupe « visualisation » a statistiquement obtenu de moins bonnes notes que l'autre groupe. L'hypothèse déduite de ces résultats, et démontrée par la suite, c'est que les étudiants du premier groupe avaient clairement une vision plus positive de leur examen, mais avaient aussi moins travaillé parce qu'ils se sentaient plus sûrs de réussir.

Un vrai paradoxe ! Car si on en croit tous les gourous de la communication et du développement personnel, la visualisation peut nous apporter tout ce que nous recherchons (c'est la thèse du fameux *Secret*, de Rhonda Byrne*). En fait, je pense que cela génère surtout un marché secondaire, dans lequel on vous explique com-

---

*Un monde différent, 2008.

ment utiliser ce qui ne marche pas : si vous n'avez pas de résultat, ce n'est pas parce que le système ne fonctionne pas, c'est parce que vous ne savez pas l'utiliser !

Rêver d'une chose à en hurler n'a jamais permis à quiconque d'obtenir quoi que ce soit sans rien faire. Par contre, programmer son esprit pour obtenir quelque chose et ensuite le laisser travailler avec ses ressources correspond mieux à ce que vous pouvez expérimenter avec succès.

En même temps, comme je suis quelqu'un de très ouvert à la discussion, si vous pouvez me montrer que vous avez atteint un objectif parce que vous l'aviez visualisé, je suis preneur.

Dans les faits, rien n'est aussi simple. Pour vous en convaincre, je vais vous rapporter une chose amusante que j'ai vécue et qui ressemble grandement à une expérience que raconte John Assaraf dans *Le Secret* : il évoque ainsi la maison qu'il a acquise sans se rendre compte que c'était celle qu'il avait visualisée quelques années plus tôt. J'ai moi-même fait ce genre d'expérience : je me souviens de m'être visualisé au volant d'une magnifique voiture de sport que je venais d'admirer dans une publicité à la télévision. Je me souviens que je me suis dit : « Un jour j'aurai cette voiture ! » J'adorais cette publicité, puis un jour elle a cessé de passer à l'antenne. Quelques années plus tard, je décide d'acheter une voiture de sport, car je voulais me faire plaisir. Avec ma compagne, nous faisons le tour des concessionnaires et essayons plusieurs modèles. Notre choix se porte finalement sur une voiture qu'elle avait adorée lors d'un voyage à l'étranger. J'ai cru alors que j'avais de mon côté opté pour la voiture que ma compagne préférait. Mais c'était sans compter avec mon inconscient. Quelques semaines plus tard, « par hasard », un ami a retrouvé sur Internet la vieille publicité que j'avais tellement aimée. Et il s'agissait de la même voiture. Comble de drôlerie, elle était aussi de la même couleur.

Donc il m'est impossible de dire que la visualisation ne sert à rien, mais à ce jour rien ne me permet d'affirmer que j'ai pu avoir la voiture de mes rêves **parce que** je l'avais visualisée quelques années plus tôt. La « promesse » que je m'étais faite a-t-elle compté plus que tout le reste quand j'ai dû faire un choix quelques années plus tard ? Il y a là une zone d'ombre qui laisse la place à de nombreuses interprétations. Je vous encourage à choisir ce que vous préférez croire et ce qui vous apportera le plus de bien-être.

Voici un autre exemple : quand j'ai voulu changer de voiture pour mes déplacements professionnels et personnels, j'ai recherché un véhicule à quatre roues motrices pour pouvoir conduire sur la neige en hiver, car j'habite à la campagne. J'ai visualisé le véhicule que je voulais. Et rien ne s'est passé comme je le désirais : aucun véhicule de ce type disponible, ou à des prix exorbitants. J'étais à deux doigts de laisser tomber et de chercher un autre modèle, quand j'en ai discuté avec mon associé. Et nous avons débattu du bien-fondé de la méthode de visualisation, puisque je n'obtenais aucun résultat. C'est alors qu'il m'a rappelé le principe de la double visualisation. Visualise ce que tu veux et ce que tu vas faire pour l'obtenir, pense que tu n'es pas le seul à le vouloir et accepte que d'autres opportunités se présentent. Ce que j'ai fait aussitôt. Vous me croirez si vous le voulez, mais le lendemain, sur un site d'annonce en ligne, j'ai trouvé la perle rare. Un appel pour vérifier sa disponibilité et je l'ai réservée aussitôt par mail. Une semaine plus tard, je la conduisais fièrement ; une semaine de plus, et les premiers centimètres de neige commençaient à bloquer la chaussée.

Certains me diront qu'il s'agit de coïncidences sans rapport avec la visualisation et je leur répondrai : « Peut-être ! » Mais quand j'ai besoin de travailler sur quelque chose, je demande à mon inconscient de mettre en place des stratégies pour me permettre de l'obtenir. Et je me prépare à réagir au cas où je ne l'obtiendrai pas. Ce qui fait que je suis rarement déçu !

Un coup de pouce de l'inconscient

Les deux exemples que je vous ai fournis portaient sur des objets, probablement parce que c'est le plus palpable et le plus facile à observer. Mais nous pouvons penser à toutes les situations possibles et imaginables, à des choses aussi bien immatérielles que matérielles.

Demandez à votre inconscient de vous aider à changer certains comportements, agir sur votre corps : ce sont des champs d'action plausibles pour votre esprit. Les exemples pullulent, mais je n'ose pas vous en citer car certains pourraient passer pour des miracles et je ne cherche pas à vous convaincre à tout prix. Si vous lisez ce livre, c'est sans doute parce qu'une part de vous connaît ce potentiel et souhaite se le réapproprier.

L'hypnose et l'autohypnose fonctionnent, inutile de vouloir vous en donner la preuve : ceux qui n'y croient pas ne s'en contenteraient pas, ceux qui y croient n'en ont pas besoin. De toute façon, il me semble inutile de pratiquer l'autohypnose si on n'y croit pas. Pour l'hypnose, c'est un autre sujet que j'aborderai dans un nouveau livre, mais sachez que c'est bien plus amusant de pratiquer sur quelqu'un qui n'y croit pas.

J'espère quand même que vous commencez à trouver votre bonheur dans ce que je vous propose. Je m'en voudrais de vous faire perdre un temps précieux. Surtout que nous allons aborder maintenant les suggestions et les autosuggestions. Il vaut mieux que vous ayez vraiment envie de changer les choses pour vous…

Suggestions et auto-suggestions

Je suis sûr que vous avez entendu parlé d'Émile Coué, inventeur d'une technique de guérison fondée sur la suggestion. Nous pouvons synthétiser sa méthode par cette phrase clé : «Tous les jours, à tous points de vue, je vais de mieux en mieux.» Émile Coué préconisait de répéter cette affirmation vingt fois le matin et vingt fois le soir. Pour lui, c'était un moyen de conditionner positivement l'imagination. Il était persuadé qu'en répétant cette formule de manière machinale, sans l'intervention de la volonté, il était possible de faire pénétrer mécaniquement une idée d'amélioration et de progrès dans l'inconscient. Et ensuite, quand cette affirmation avait fait son chemin das notre esprit profond, elle pouvait commencer à agir.

> *« Plus vous donnez de suggestions, et plus vous les donnez simplement, plus vous avez de chances que certaines soient acceptées. Votre tâche n'est pas d'obliger un patient à accepter des suggestions. Votre tâche est de proposer un nombre suffisant de suggestions pour qu'il choisisse délibérément celle-ci ou celle-là. »*
>
> Milton Erickson,
> *Traité pratique de l'hypnose.*

À voir le nombre de sociétés qui dépensent des sommes astronomiques pour nous bombarder de suggestions publicitaires, il faut bien admettre que cela doit fonctionner. En effet, dépenseraient-elles ces sommes colossales si la suggestion n'était pas efficace ?

Qui a dit oui ? Vous ? Fermez ce livre, je ne peux plus rien pour vous !

Bien sûr que non, personne ne dépenserait autant d'argent si ça ne fonctionnait pas. C'est pour cela que les budgets publicitaires sont aussi énormes, car les suggestions sont le meilleur moyen pour influencer les actions.

À quoi ça ressemble ?

Une suggestion va de vous vers quelqu'un d'extérieur ou de quelqu'un d'extérieur vers vous. Les autosuggestions, elles, vont de vous vers vous. L'autosuggestion, c'est l'implantation, **par soi-même**, d'une idée dans **son** cerveau, au lieu de laisser les autres le faire à sa place.

L'autosuggestion peut vous permettre d'améliorer un certain nombre de choses, à la fois dans votre vie et dans votre environnement. Celui-ci ne va pas changer du tout au tout, mais c'est votre manière de l'interpréter qui va se modifier. L'autosuggestion est un outil très puissant que je vous encourage à ne pas prendre à la légère, car son influence est à la fois surprenante et spectaculaire.

UNE RESSOURCE POUR LA MÉDECINE

La recherche médicale s'intéresse beaucoup à la puissance de la suggestion et de l'autosuggestion, aussi bien dans la guérison que dans la détérioration d'un état.

Pour illustrer notre propos sur l'impact de la suggestion, prenons l'exemple de l'échelle de la douleur. Lorsqu'une infirmière demande à un patient d'évaluer sa douleur sur une échelle de 1 à 10, le chiffre donné est toujours plus élevé que si l'infirmière demande au patient d'évaluer le niveau de son bien-être (toujours sur une échelle de 1 à 10). Un 7 ou 8 de douleur devrait donner un 3 ou 2 de bien-être, or ce n'est absolument pas le cas. Le patient, tout à fait inconsciemment, focalise sa pensée soit sur la douleur (le phénomène de ratification l'amplifie), soit sur les zones de son corps qui répondent à la notion de « bien-être » (ce qui amplifie du coup cette sensation de bien-être). Donc, comment ça va bien maintenant ?

Les études scientifiques reconnaissent aussi le pouvoir de l'autosuggestion par le biais du « placebo », phénomène qui reste à ce jour inexpliqué (on ne sait toujours pas comment ça marche), mais qui donne des résultats tout à fait surprenants. L'effet placébo entre à hauteur de 60 % dans le processus de guérison par des médicaments. C'est en gros la réflexion que je me suis faite il y a quelques jours en entendant à la radio que le volume des ventes de médicaments génériques avait baissé de 3 % en France en 2011.

Nous savons désormais que notre mental possède des capacités hors norme et il ne tient qu'à nous de les développer. En observant des personnes habituées à entrer dans des états modifiés de conscience (EMC, je le redis encore une fois), nous apprenons qu'il est possible d'interagir volontairement avec son corps, de baisser le rythme cardiaque, d'accélérer la cicatrisation, d'améliorer le système immunitaire, de stopper un saignement (amélioration du facteur de coagulation), de réduire ou de faire disparaître une douleur chronique ou aiguë, etc. Il existe tellement de possibilités que je ne peux pas en faire la liste exhaustive.

Nous pratiquons tous l'autosuggestion sans le savoir, et plus souvent mal que bien. Donc, il est temps de vous réapproprier ce pouvoir que vous avez sur vous-même. Je ne résiste pas au plaisir de vous raconter une petite aventure amusante qui s'est produite lors d'un de mes séminaires. Nous échangions librement avec les participants et soudain j'entends une personne réagir quand je dis que tout le monde sait faire de l'autosuggestion. C'est faux, me dit-elle, elle n'a jamais appris l'autosuggestion et elle s'y refuse parce qu'elle ne croit pas à la « pensée positive », d'ailleurs elle n'a jamais vu de résultat probant autour d'elle. J'entends bien ce qu'elle me dit, mais je lui pose quand même quelques questions pour en savoir plus ; je lui demande ainsi ce qu'elle se dit avant de passer à table ou le soir. Et elle continue d'affirmer qu'elle ne s'autosuggestionne en rien. Puis elle se retourne pour réagir à la réflexion d'une personne derrière elle et dit ceci : « Je ne m'autosuggestionne pas **parce que je me dis que ça ne servira à rien !** » CQFD* ? Cette personne n'avait pas encore pris conscience que c'est exactement ça, l'autosuggestion !

Méfiez-vous de ce qui ne vous semble ni des suggestions ni des autosuggestions, car cela pourrait bien en être quand même. J'espère en fait vous amener à me dire : « Mais alors, les suggestions sont partout, tout le temps. » Eh oui ! Même lorsque vous pensez ne pas être la cible de ce que vous écoutez, votre esprit l'entend et l'incorpore à votre expérience. Le propos fera tout seul un bout de chemin dans votre esprit. Il suffit ensuite d'être dans un état de conscience modifié pour être encore plus sensible à une suggestion.

* Ce qu'il faut en déduire ?

L'autosuggestion est un outil très simple, et pourtant d'une puissance fabuleuse. Si efficace que vous pouvez transformer votre vie, et celle des autres, avec juste un petit apprentissage et une attention spéciale. Mais vous pouvez aussi continuer à penser que suggestions et autosuggestions n'ont aucun impact sur vous, sur vos pensées ou sur vos comportements…

Laissez-vous enchanter

« L'enchantement provoque un changement voulu des sentiments, des esprits et des actions. L'enchantement transforme les situations et les relations. »

Guy Kawasaki,
L'art de l'enchantement.

J'aime penser à l'enchantement par le pouvoir des suggestions. Effectuer des suggestions bienveillantes, envers soi et envers les autres, est selon moi un principe élégant et fondamental de l'enchantement.

Devenez un enchanteur pour vous-même, apprenez à vous dire exactement ce dont vous avez besoin ou ce que vous avez envie d'entendre pour réussir dans votre vie. Dépassez vos limites et les croyances qui vous enferment.

Un outil simple

Émile Coué rappelle que, pour être efficaces, les suggestions doivent être faites sans effort. Dans le chapitre consacré aux outils, je vous parlerai d'une technique tout à la fois simple, facile et très puissante pour nous aider à déterminer et à formuler des objectifs. Cette technique peut aussi nous aider à vérifier si les objectifs que nous nous fixons correspondent à ce que nous pouvons réaliser. Une fois que vous savez ce que vous voulez obtenir, il est plus facile de créer les autosuggestions adéquates.

Je vais toutefois un peu devancer ce passage (vous excuserez, je l'espère, la redite…), car il me semble important de vous donner dès maintenant quelques éléments pour vous aider à créer des autosuggestions sans effort.

Pas de grands mots ni de formules compliquées

D'abord, une autosuggestion doit avoir une formulation simple. Attention, je ne dis pas que ce que vous dites doit être simple à réaliser : c'est la structure grammaticale de la phrase qui doit être simple. Retirez les chichis et les mots compliqués, une phrase simple frappe au cœur et à l'âme. Plus elle est simple et courte, mieux vous vous en souviendrez pour vous la répéter dès que vous sentirez une transe, même légère. J'insiste sur le fait que la simplicité est le maître mot de notre vie et de notre esprit. Imaginez que votre inconscient n'a pas plus de dix ans : pour lui demander quelque chose et vous faire entendre de lui, vous devez prendre conscience que la complexité ne sert à rien et vous éloigne même de la compréhension profonde des choses.

Donc, une suggestion doit être simple et dépouillée de tout élément inutile.

Une suggestion n'est pas conditionnelle

Une suggestion ne doit dépendre de rien, aucune condition ne doit entraver son énoncé (« Je vais demander à mon patron une augmentation si je me sens assez en forme pour cela », « Ma santé va s'améliorer si demain il fait beau »).

Utilisez le mode affirmatif

Une suggestion est une affirmation. La négation n'existe pas dans cette partie de notre esprit. Par exemple, si je dis : « Ne pensez pas à un éléphant rose », je suis sûr que l'éléphant rose est apparu, même comme un éclair, dans votre esprit.

« Ne pensez pas à votre pied droit – je m'excuse auprès des unijambistes. » Le cas est similaire : il est très difficile de ne pas penser à son pied droit, qui aura même bougé chez certains pour répondre à la charge cognitive. De même, j'aimerais savoir qui n'a pas du tout pensé à un unijambiste…

J'arrête parce que cela devient vite énervant, on se demande comment en sortir. C'est impossible, à part fuir ou mettre des œillères.

Positive, réalisable et précise

Une suggestion doit être **prononcée de manière positive,** une notion fondamentale dans le langage inconscient (je vais y revenir plusieurs fois). Nous demandons à notre esprit de formuler en nous l'expérience de ce que nous voulons et non pas de ce que nous ne voulons pas.

Elle doit aussi être **réalisable.** Si nous formulons quelque chose que nous pensons impossible à entreprendre, nous envoyons à notre esprit un message contradictoire : « Je veux quelque chose tout en sachant que ce n'est pas possible. »

Enfin, une suggestion doit être **la plus précise possible.** Évitez les mots vagues ou les formules approximatives, par exemple les termes génériques comme « amour », « bonheur », « plaisir ». Car une suggestion du type : « Je veux être plus heureux » ne signifie pas grand-chose : ce n'est qu'un concept bien vide de sens, quand on y pense.

Encore quelques précisions

Une suggestion doit être **répétitive, répétitive, répétitive, répétitive**… C'est le principe même de l'apprentissage inconscient : nous intégrons quelque chose parce que nous y sommes confrontés sans arrêt.

Je vous conseille aussi d'éviter de mettre dix ans pour acheter la voiture dont vous rêvez. Oui, je sais, ce n'est pas essentiel, mais que voulez-vous, on ne se refait pas (vraiment ?). Donc, ajoutez une notion temporelle à votre autosuggestion pour valider vos progrès dans le temps.

Pour finir sur les points essentiels, faites en sorte de donner à vos autosuggestions des contenus motivants et enthousiasmants, qui vous donneront envie de vous dépasser et d'entreprendre des changements réellement ambitieux.

Cherchez l'erreur

Pour finir, j'aimerais vous parler des fausses vérités, ou vérités suggérées, qui sont totalement inutiles. En voici deux, que je vous demande de ne pas prendre au pied de la lettre.

- **« Évitez les autosuggestions lorsque vous vous sentez fatigué ou faible. »** En gros, ne vous suggestionnez que lorsque tout va bien et qu'il n'y a pas besoin de faire appel à vos ressources en situation de crise ou de difficultés.

- **« L'autosuggestion se pratique en état de relaxation, au calme et sans être dérangé. »** Dans votre vie de tous les jours, les enfants font du bruit, votre conjoint travaille dans la pièce d'à côté, le téléphone sonne, les collèges discutent à deux bureaux de vous ? Trouvez tout de suite un lieu où tout cela n'existe pas et allez-y sans attendre.

Maintenant, je vais vous dire ce que j'en pense vraiment : entraînez-vous partout et tout le temps, la moindre occasion est bonne à prendre. Les phrases qui précèdent sont des inepties. C'est comme si vous disiez à votre enfant, quand il apprend à faire ses premiers pas, qu'il doit attendre un autre moment pour que les conditions optimales soient réunies. Cela ne fonctionne pas comme ça et j'aimerais que vous preniez conscience que la vie bouge tout le temps autour de vous. Votre esprit est perpétuellement en mouvement et en action. N'attendez pas d'être prêt pour faire quelque chose : faites-le et ensuite améliorez-vous, encore et encore.

Commencez par vous faire confiance : dites-vous que vous agissez dans le bon sens puisque vous êtes en vie. Des choses ne vous conviennent pas, des erreurs ont été faites ? Tant mieux, cela vous donne l'occasion de les améliorer. Arrêtez de vous trouver des excuses pour dire que cela vient de l'extérieur et donnez-vous l'amour suffisant pour vous permettre de changer, tout simplement. C'est facile à dire, je sais. Et c'est pour cela que je le dis, et que je le fais. Tous les conseils que je vous donne, je les utilise moi aussi et c'est pour cela que je souhaite les partager avec vous.

« Imprègne-toi de ce que tu enseignes et n'enseigne que ce dont tu es imprégné. »

Dan Millman
Le Voyage sacré du guerrier pacifique.

L'inconscient a-t-il un langage ?

Pour conclure sur les suggestions, il convient de dire qu'elles doivent répondre en tout point au langage inconscient.

Imaginez que vous devez expliquer quelque chose à un enfant de cinq ou sept ans. Pour vous faire comprendre, vous allez employer des images et des métaphores simples. Alors faites de même avec votre inconscient.

De nombreuses expériences en état de transe tendent à démontrer que notre inconscient interprète souvent les mots au sens littéral. Les muscles lisses viscéraux ou vasculaires, qui sont sous le contrôle du système neurovégétatif, donc hors de notre contrôle conscient, deviennent sensibles aux différentes suggestions en état de transe*. Donc, évitez les phrases du genre : « Ça me gonfle, ça me saoule, j'en ai plein le dos… » , qui seront potentiellement prises au sens littéral.

Rappelez-vous aussi d'éviter la négation, que la partie inconsciente de notre esprit ne comprend pas. Les plus tordus pourront s'amuser avec des doubles négations s'ils le souhaitent. Mais ne pensez pas à ne pas visualiser ce que vous ne voulez pas obtenir.

De plus, apprenez à faire la différence entre des termes précis, spécifiques et concrets, et à l'inverse des termes non-spécifiques et ambigus. Le langage hypnotique est un langage simple, qui s'adresse directement à l'inconscient. Une formulation non-spécifique permet à

---

*C'est l'inverse pour les muscles habituellement contrôlés par notre conscient : en état d'hypnose, ils ont tendance à être moins coordonnés et/ou hypotoniques. Ce qui provoque des mouvements musculaires involontaires et inconscients.

l'imaginaire de se développer et d'agir selon son propre mode.

Avec les métaphores, nous verrons aussi qu'il est possible d'activer des processus inconscients vers un objectif sans avoir à connaître le contenu de la suggestion (c'est-à-dire l'information qu'elle porte).

Dernier point important : pour faciliter le langage avec l'inconscient, apprenez à dissocier votre conscient de votre inconscient, et pour cela utilisez le tutoiement. Cela peut faire bizarre au début, mais c'est assez amusant et rafraîchissant. On peut même utiliser son prénom pour demander quelque chose. Par exemple : « Franck, maintenant, j'aimerais que tu prennes une bonne inspiration, que tu gonfles ta poitrine et que tu te relaxes doucement, pendant que l'inconscient va réfléchir à la meilleure manière de finir ce chapitre en beauté. Rien ne vient ? Bon, alors vas te coucher maintenant, pour une nuit parfaite et pleine de rêves merveilleux, et laisse ton inconscient préparer au mieux la super-journée de demain avec le contenu de tes prochaines pages qui couleront sous tes doigts encore plus facilement qu'aujourd'hui ! Bonne nuit ! »

Voilà ce que j'appelle *en live* une magnifique suggestion. Je vous laisse avec le chapitre suivant et je file me reposer.

Chapitre 4

Des histoires et des métaphores inspirantes

De quoi s'agit-il?

Les structures métaphoriques ou les histoires inspirantes comptent parmi les outils intéressants et efficaces de l'autohypnose. Mais de quoi s'agit-il exactement ?

Parties intégrantes de notre héritage humain, les légendes, les contes, les fables, les mythes et les traditions sont autant de messages envoyés depuis des siècles à notre inconscient pour nous faire passer des messages subtilement – nous pouvons aussi dire de manière « subliminale ».

La métaphore est un type particulier d'image qui associe deux termes appartenant à un champ lexical différent, sans introduire formellement une comparaison (pas de mot comme « comme », «tel » ou « semblable à »). Il en découle une pensée plus riche et plus complexe.

La métaphore est fondée sur l'analogie ou la substitution. Lorsque nous utilisons une métaphore, nous employons des structures de langage imagées pour faire passer un sens caché à notre mental (conscient).

Donner un exemple de métaphore est à la fois simple et difficile. Un peu comme si vous tentiez de faire entrer un éléphant dans un frigo. À première vue, cela semble compliqué, voire impossible. En même temps, nous pourrions nous demander de quelle taille sera le frigo, ou si l'éléphant sera en un seul morceau, et même, pour les plus tordus, si cet éléphant n'est pas finalement un jouet d'enfant pas plus gros que le dernier gâteau de Grand-Mère !

Et voilà, je viens d'utiliser une métaphore pour vous expliquer la métaphore ! En même temps, jre pourrais comprendre que vous vous sentiez encore plus perdu après cet exemple. Un peu comme si vous vous trouviez en plein désert avec une boussole qui donne l'heure!

Désolé, je viens de recommecner. Expliquer une métaphore n'est donc pas une hcose aisée. Mais je suis sûr que vous avez compris le concept. Enfin, ce serait préférable, car je ne vois pas comment faire mieux.

Maintenant revenons à nos moutons. Il paraît difficile d'utiliser un sens caché en autohypnose, puisque **c'est vous** qui concevez **pour vous-même** la métaphore. Pourtant, vous allez quand même employer des structures symboliques pour exprimer ce sens caché.

MERCI WIKIPÉDIA !

J'invite les plus courageux et les plus curieux à lire la page Wikipédia sur la métaphore, car elle vaut vraiment le détour. Je pensais en connaître suffisamment sur les métaphores, mais lors de mes recherches pour écrire ce livre, j'ai vraiment découvert plein de choses en visitant cette page.

Notre esprit inconscient utilise les mêmes structures que la métaphore. Pour Milton Erickson, ces structures sont « le moyen qui permet d'apporter de nouvelles significations à la conscience ». Nous faisons donc passer un message par l'intermédiaire des métaphores que nous utilisons. Ce qui est le meilleur moyen de parler le langage de notre plus grand ami, l'inconscient. En utilisant des objets, des lieux ou des personnages dans les métaphores, nous n'avons d'autre choix que de superposer ces informations à notre vie.

Les objets, les lieux et les personnages prennent un sens bien plus large et plus global dans notre inconscient et sont porteurs d'un sens caché. Ce qui nous permet de résoudre des situations sans connaître exactement le sens que ces choses, lieux ou personnages ont dans notre vie. Un nuage noir, un caillou dégoulinant, une tempête, un vieux sage japonais, un héros de film que nous croisons au hasard de notre voyage intérieur peuvent être porteurs d'une symbolique. Mais nous nous abstiendrons de la chercher pour simplement interagir avec, sans aucun jugement, sans jamais nous demander ce que cette image signifie en profondeur ou sur le plan « analytique ».

En fait, une séance d'autohypnose avec une métaphore doit être très « ouverte » et très large : il s'agit de suivre nos pensées au fil de notre visite intérieure.

Cette forme de séance se rapproche de ce que certains auteurs appellent le « rêve éveillé dirigé », sauf qu'en autohypnose, ce rêve n'est ni vraiment éveillé ni vraiment dirigé – désolé, c'était un peu facile.

Et maintenant, passons à une question fondamentale.

Comment commencer le voyage ?

Avant de décider de commencer votre voyage (votre séance) avec une induction* (nous reviendrons sur cette notion dans un prochain chapitre), en utilisant une transe spontanée ou simplement avec le début de votre métaphore, vous allez choisir une structure dite « activatrice », qui sera le « cadre » de votre métaphore, son début.

Nous avons tous des « cadres » symboliques pour « activer » notre imaginaire. Le cadre de départ peut être un lieu, le désert, l'océan, l'intérieur de notre corps, une maison (pièce connue ou inconnue), une forêt, l'univers connu ou inconnu, une scène de film. Ce cadre peut ensuite être complété au fil de notre autoséance avec des personnages connus ou inconnus, des animaux, des objets, etc.

Soyez créatifs, surprenez-vous à un détour de votre « histoire ». Vous pouvez suivre un scénario ou laisser les choses se produire à partir du cadre de départ.

---

*Pour rappel, la définition de l'induction est donnée page 93..

Je ne suis pas partisan de la règle selon laquelle il faudrait absolument finir un processus lorsqu'il est commencé. Je démarre souvent une histoire pendant une transe. Si ma compagne ne se rend pas compte que je suis « absent » et me questionne ou me demande mon attention pour un instant, cela peut me sortir de ma transe. Mon histoire intérieure n'était pas finie et je ne sais peut-être même plus où j'en étais si une amnésie spontanée apparaît. Dans ce cas, j'ai pour principe de dire : « Tant pis ou tant mieux, qui peut savoir ? » C'est un clin d'œil à cette histoire rapportée par un vieux sage chinois, Hoài-Nam-Tu.

Un habitant du nord de la Chine vit un jour son cheval s'échapper et passer de l'autre côté de la frontière. Le cheval fut considéré comme perdu.
À ses voisins qui venaient lui présenter leur sympathie, le vieil homme répondit : « La perte de mon cheval est certes un grand malheur. Mais qui sait si dans cette malchance ne se cache pas une chance ? »
Quelques mois plus tard, le cheval revint accompagné d'une magnifique jument. Les voisins félicitèrent l'homme, qui leur dit, impassible : « Est-ce une chance, ou est-ce une malchance ? »
Le fils unique du vieil homme fut pris d'une véritable passion pour la jument. Il la montait très souvent et finit un jour par se casser la jambe. Aux condoléances des voisins, l'homme répondit, imperturbable : « Et si cet accident était une chance pour mon fils ? »

L'année suivante les Huns envahirent le nord du pays. Tous les jeunes du village furent envoyés à la guerre et aucun n'en revint. Le fils estropié du vieil homme fut le seul à échapper à l'hécatombe.

Si, comme pour moi, quelqu'un vous interrompt et vous empêche de finir votre histoire pendant une auto-séance, dites-vous simplement que cela devait se produire et reprenez plus tard là où vous en étiez ou recommencez. Ce n'était peut-être pas le meilleur moment pour faire ça et votre esprit vous proposera une occasion plus propice à un autre moment. Faites que les choses soient simples au lieu de les compliquer inutilement… et pensez à dire à cette personne d'être plus vigilante la prochaine fois.

Et maintenant, en route !

Nous allons prendre un « cadre » de départ que nous utilisons souvent lors des séminaires d'autohypnose. Imaginez-vous dans une forêt magnifique et promenez-vous un instant, en imagination, dans cette forêt. Puis concentrez votre attention sur un arbre en particulier. Regardez-le de plus près, voyez un petit cocon, prenez une grande inspiration et imaginez-vous dans ce petit cocon, à la place de cette petite chenille qui grandit et change ; le processus du cocon peut être perçu comme un processus de changement profond, la chenille devient papillon.

➠ *Les plus aguerris peuvent inventer autant de processus de transformation qu'ils le veulent.*

Alors que vous êtes encore chenille, profitez-en pour découvrir des sensations nouvelles : utilisez vos cinq sens pour « imaginer » ce que vous pouvez ressentir en tant que chenille qui devient papillon. Puis, sans savoir ni comment ni pourquoi, laissez-vous vous transformer en papillon. Poussez sur vos ailes et « sentez » le cocon s'ouvrir sur la forêt. Laissez-vous surprendre : peut-être est-ce la même forêt qu'avant, peut-être en est-ce une autre. Soyez curieux, puis envolez-vous et baladez-vous dans cette forêt ou ailleurs, rencontrez des gens, des « choses », entamez la conversation avec ce qui vous entoure, posez des questions à ces « choses » autour de vous ou alors profitez simplement de « votre liberté à voyager ».

Pour profiter du voyage

Voici plusieurs autres conseils pour vous aider à profiter pleinement de cette expérience. En premier lieu, sachez que certaines personnes (pas vous, bien sûr) ont un processus interne du type : « Même quand je peux faire ce que je veux, il faut que je me plante. » Ce sont des adeptes du papillon qui s'explose sur un pare-brise ou se fait avaler par un oiseau passant dans le coin.

Donc, je répète encore et encore à ces personnes qu'elles doivent se souvenir qu'elles sont « dans » leur propre esprit et que rien ne peut leur être imposé pendant cette expérience. Comme j'ai grandi à l'ère des

Hé ! C'est quoi ce truc !
Un moustique avec un casque !
ouah, ! il a l'air vraiment débile !
Hé ! L'idiot ! Pourquoi ce casque ?

magnétoscopes, je propose de rembobiner la scène (pour les plus jeunes, utilisez un lecteur de DVD et la touche « Rewind ») avant que la « catastrophe » ne se produise et transformez-vous en « SUPER-PAPILLON ». Soit, comme Superman ou Superwoman vous défoncez le pare-brise ; soit, comme Shadowcat, une superhéroïne des X-Men (chacun ses références), amusez-vous à traverser les murs. Peu importe la manière, le message doit être celui-ci : « Je dépasse cet obstacle et je continue mon histoire. »

Je ne peux pas résister à l'envie de vous faire partager une image (page ci-contre) que j'ai trouvée « par hasard » (j'espère que vous me croirez), alors que je relisais ce paragraphe.

Faites ce qu'il faut pour réveiller votre potentiel intérieur. C'est un message fort envoyé à votre esprit pour lui dire d'utiliser votre « pouvoir personnel » pour dépasser vos limites et surmonter les obstacles. Peu importe que ces pouvoirs n'existent pas dans la vraie vie : ils existent bel et bien dans votre esprit, puisque vous pouvez vous imaginer les utiliser.

« Le bonheur dépend non pas de ce que vous êtes ou de ce que vous possédez, mais uniquement de votre façon de penser. »

Dale Carnegie

Le pouvoir des images mentales

Vos images mentales sont le meilleur moyen de déclencher votre puissance personnelle. Trop souvent, vous vous êtes enlisé dans le passé ou dans les expériences du passé parce que vous n'avez pas imaginé autre chose. Vous avez arrêté de croire en vos capacités, vous avez oublié de rêver et de communiquer avec votre esprit. Il est temps de changer cette image que vous avez de vous. Devenez votre papillon, votre oiseau, votre guerrier intérieur, votre sage, votre vrai vous, magnifique et merveilleux.

C'est grâce à l'utilisation de vos images mentales que vous y parviendrez. Pensez à ce « Vous » qui dépasse les obstacles et trouve des solutions « par-delà » la logique et le rationnel. Donnez des ailes à vos possibilités. Cela s'apprend et vous êtes en train de le faire ; cette technique se retrouve dans de nombreux enseignements spirituels ou plus conventionnels. Les yogis, les spécialistes de la méditation, les hypnothérapeutes utilisent les images mentales pour « parler/communiquer » avec cette partie inconsciente de l'esprit afin d'engager des changements profonds ou plus subtils.

Ce phénomène ressemble aux suggestions, dont nous avons parlé au chapitre précédent. Vous semez les « bonnes » graines dans votre esprit, ensuite vous devez penser à les arroser très très régulièrement. Avec de l'expérience et de l'entraînement, il vous sera très facile de pratiquer, car il s'agit ni plus ni moins de muscler de votre esprit.

LA VISUALISATION SELON CARL SIMONTON

J'aimerais, dans cet encadré, aborder la visualisation sous l'angle de la santé en reprenant le parcours du docteur Carl Simonton. Au début des années 1970, ce cancérologue américain de réputation internationale a popularisé des techniques thérapeutiques utilisant la visualisation et les images mentales.

Tout a commencé par un constat: avec un diagnostic similaire, certains de ses patients décédaient, alors que d'autres guérissaient. Simonton s'est donc lancé dans une investigation poussée du processus de guérison. Et il a pu noter que les patients qui guérissaient étaient des «battants», des personnes qui refusaient la fatalité, qui s'imaginaient guérir et qui étaient profondément persuadées qu'elles pouvaient le faire. Il a aussi mis l'accent sur l'importance de la conviction chez le médecin. Plus ce dernier est sûr que son patient peut s'en sortir, plus il arrive à lui transmettre cette croyance et plus le patient obtient de bons résultats. Dans tous les cas, de bien meilleurs résultats que les patients suivis par un médecin qui n'y «croit» pas. D'où cette profession de foi de Simonton: «Puisque les malades qui ont guéri sont des guerriers persuadés qu'ils vont s'en sortir, mon travail est donc de transformer mes patients en guerriers.»

Voici les grands principes sur lesquels s'appuie Simonton: nos émotions influencent notre état de santé et notre guérison de manière importante; nos croyances profondes, ainsi que notre attitude, influencent nos émotions, donc contribuent à notre état de santé; nous pouvons influencer nos croyances, notre attitude et nos émotions, ce qui peut avoir un effet sur notre santé. Pour lui, ces principes doivent être enseignés et appris à tous. Il a donc conçu des formations destinées autant aux thérapeutes qu'aux patients.

Pour Simonton, nos émotions sont le moteur de notre système de guérison. Or les émotions naissent de nos croyances et de nos pensées. Un des exercices que propose Simonton dans sa pratique de la visualisation est de suggérer au patient de visualiser dans son esprit le traitement sous la forme du super-héros Pac-Man en train de supprimer, de dévorer, de faire disparaître les cellules cancéreuses.

Dans l'image mentale, ce n'est pas la réalité du processus qui compte, mais la réalité que vous vous en faites dans votre esprit. L'essentiel étant que l'image que vous créez des défenses immunitaires ou des ressources de votre corps soit toujours plus puissante que celle des symptômes de la maladie ou du problème.

La guérison n'est pas le seul but de ce type de pratique. Avec l'autohypnose, je m'intéresse surtout à la qualité de vie d'une personne, même quand sa guérison est compromise. Donc, ne simplifions pas à l'extrême notre sujet. Il est bien plus vaste que ce que nous pouvons croire au premier abord.

Je peux aussi vous assurer qu'à force de côtoyer des personnes qui réussissent dans leur vie, aussi bien au niveau professionnel que personnel, matériel ou physique, j'ai observé que toutes pratiquent une sorte d'autohypnose. Qu'il s'agisse de méditation, d'hypnose, de yoga ou de visualisation, le terme importe peu. Ce qui compte, c'est que chaque fois on a affaire à des états modifiés de conscience au cours desquels nous apprenons à guider notre esprit intérieur ou à être guidé par lui.

Chapitre 5

Avec ou sans protocole ?

Pour ceux qui ont besoin d'être guidés

Les protocoles permettent de conduire un processus en le présentant sous forme d'étapes de « 1 » à « 3 » sans oublier « 2 ». Ils sont donc, vous en conviendrez, très « rassurants », pour celui qui enseigne (s'il n'est pas totalement imprégné du processus) comme pour celui qui reçoit (ainsi, il est « sûr » de bien « tout faire », dans le bon ordre).

Pour être franc, j'ai beau savoir que ce fonctionnement est très naturel, je reste étonné que l'on préfère ce type de processus « très encadrant » à une approche moins contraignante, qui exigera sans doute plus de temps, mais permettra de construire une plus grande « solidité intérieure » pour une pratique plus agréable.

Pour ceux qui le souhaitent, je propose quelques protocoles simples à utiliser au début, mais je vous encourage dans le même temps à vous en affranchir dès que vous vous sentirez suffisamment à l'aise dans vos auto-séances. Ensuite, vous pourrez vous amuser à créer vos propres « protocoles » – ceux qui fonctionnent bien avec vous – en mélangeant ce que vous pouvez découvrir dans vos lectures et ce que vous expérimentez dans votre pratique.

Rappelez-vous que l'hypnose n'est pas un processus « objectif ». Elle fonctionne entre votre « vous » conscient et votre « vous » inconscient, et se voile quand vous chercher à l'isoler. Apprenez à vous soustraire à la peur de mal faire (voilà un excellent objectif pour une autoséance). Une fois « en route », faites ce qui vous semble le mieux.

J'ajouterai cette dernière remarque : les protocoles peuvent vous fournir des modèles de ce qui est « bien » si vous n'avez aucune idée de ce qui est « à faire ».

Quelques protocoles

Pour répondre aux demandes de ceux qui ont besoin de commencer avec un protocole, je vous propose ceux qui donnent les meilleurs résultats lors de mes séances de formation pour Hypnofeel (www.hypnofeel.com).

L'ancrage

C'est une technique simple utilisée dans beaucoup de protocoles de programmation neuro-linguistique (PNL). Elle consiste à associer un stimulus (visuel, auditif, physique) à une émotion positive, puis à un comportement. Ensuite, quand c'est nécessaire, vous pouvez utiliser ce stimulus pour retrouver la même émotion. Cette technique est très employée, entre autres, par les sportifs et les leaders.

➠ L'ANCRAGE EN DOUZE ÉTAPES

1. Utilisez une «transe».
2. Pensez au souvenir d'un événement où vous avez utilisé la ressource (comportement, émotion, attitude).
3. Si aucun souvenir ne vous revient (vous n'avez peut-être jamais eu une telle ressource), imaginez un modèle (une personne qui possède déjà cette ressource), dans une situation précise.
4. Remplacez l'image de votre modèle par la vôtre.
5. Imaginez-vous agir à la place de votre modèle.
6. Peaufinez la situation pour l'améliorer un maximum (amplifiez le sentiment de réussite et de plaisir).
7. Utilisez un ancrage selon l'un des cinq sens de perception (Toucher, Ouïe, Vue, Odorat, Goût).
8. Amplifiez les émotions en même temps que vous utilisez l'ancrage.
9. Revenez dans un état d'éveil.
10. Recommencez ce protocole plusieurs fois sur plusieurs jours.
11. En vous mettant dans une situation où vous aurez à utiliser cet ancrage, vérifiez que celui-ci fonctionne.
12. Recommencez jusqu'à obtenir un résultat «observable» et satisfaisant pour vous.

Des exemples d'ancrages

- **Le toucher.** Pincez un doigt entre deux autres de la main opposée ou touchez un point du corps facilement accessible pour l'utiliser n'importe où et n'importe quand. Personnellement, j'utilise certains points d'énergie (visage et crâne) pour me relaxer ou me dynamiser.
- **L'ouïe.** Utilisez une musique spéciale pendant votre séance, que vous employez aussi pour « éveiller » votre ancrage. Personnellement, j'utilise toujours des musiques « spéciales » quand je démarre mes formations : elles me « mettent » dans un état de transe « automatique » et me permettent de me préparer à ce que je dois faire. Lorsque je ne peux pas les passer en public, je les écoute sur mon mp3 avant de commencer. J'ai enseigné la danse sportive pendant mon adolescence et je me souviens avec beaucoup de plaisir de cette période. Je ne peux donc pas retenir mon esprit quand j'entends une salsa ou un excellent quick-step. Cela me place « directement » dans un état d'esprit positif et motivé.
- **La vue.** Ouvrez les yeux en restant dans un état de transe et fixez un objet ou une image que vous utiliserez comme déclencheur. J'ai toujours des photos « importantes » dans mon téléphone, que je regarde pour déclencher des émotions particulières.
- **Le goût.** C'est sans doute un des sens que j'utilise le moins (sûrement à tort), mais il est très présent chez

les personnes qui aiment les plaisirs de la bouche. Utilisez des saveurs, des ingrédients particuliers. Ce sens est peut-être moins facile que d'autres à utiliser n'importe quand et n'importe où. Lorsque je vois certaines personnes mâcher un chewing-gum ou boire un café avant même de se demander s'ils en ont envie, je pense toujours que ce comportement est profondément « ancré » dans leurs habitudes et doit bien déclencher des émotions qui y sont associées.

- **L'odorat.** Utilisez un parfum, des huiles essentielles ou n'importe quoi d'autre pour associer votre stratégie à ce sens particulier. L'odorat est reconnu comme l'un des sens les plus puissants en termes de mémorisation inconsciente. Même des années plus tard, certaines odeurs ont le pouvoir de ramener des souvenirs et des émotions extrêmement puissantes. Personnellement, j'utilise souvent des échantillons de parfum que j'aime et qui me donnent des émotions fortes : le parfum de ma compagne, le poil de mon chien (et non pas l'inverse !).

L'enfant intérieur

Ce protocole doit rester très ludique en autoséance. Il s'agit d'expliquer à votre enfant intérieur qu'une « croyance » apprise ne convient plus aujourd'hui et qu'il est temps d'en apprendre une autre.

➠ L'ENFANT INTÉRIEUR EN SEIZE ÉTAPES

1. Utilisez une « transe ».
2. Imaginez un lieu « ressource » (un lieu agréable, personnel, imaginaire, réel ou un mélange des deux).
3. Entrez dans ce lieu ressource (peu importe comment).
4. Visitez ce lieu ressource ou baladez-vous dedans.
5. Concentrez-vous sur la forme que pourrait prendre votre enfant intérieur et « appelez-le » simplement.
6. Laissez-le « apparaître », jouez et demandez-lui de rester concentré sur tous les aspects confortables et agréables. Inutile d'aller chercher des émotions difficiles ou compliquées pour changer, cela se fait aussi efficacement dans la joie et le plaisir, surtout en autoséance.
7. Pensez à la croyance à supprimer.
8. Formulez-la avec des mots simples.
9. Demandez à votre enfant intérieur s'il se souvient de l'origine de « la » croyance (parents, éducation, école, expériences de vie, origine inconnue, etc...).
10. Demandez-lui s'il est prêt, maintenant, à changer cette croyance, pour un plus grand confort.
11. En fonction de sa réaction (sourire, peur, fuite, joie, etc...), interagissez avec lui pour amplifier les aspects positifs de ce changement.
12. Quand tout est O.K., proposez-lui la nouvelle croyance que vous voulez qu'il intègre.
13. Remerciez-le et offrez-lui de revenir aussi souvent que vous y prendrez plaisir.
14. Laissez-le repartir au plus profond de vous, pour intégrer ce nouveau savoir, puis revenez à un état d'éveil.

15. Vivez votre vie et vérifiez que vos attitudes dans les jours suivants répondent à cette nouvelle croyance.
16. Recommencez cette séance, aussi souvent que vous constatez que cette croyance n'est pas « naturelle » dans votre vie.

La dissociation simple

Ce protocole est utile pour se préparer à des situations difficiles (parler en public, se sonner les cloches par son patron, s'énerver contre un membre de sa famille, entendre des promesses électorales…). La technique consiste à prendre de la distance par rapport à la situation en question tout en étant dans un état interne confortable.

➠ LA DISSOCIATION SIMPLE EN DOUZE ÉTAPES

1. Utilisez une « transe ».
2. Pensez à une situation compliquée où vous avez manqué de « recul », où vous avez pris les choses pour vous, où vous n'êtes pas arrivé à réagir de manière adéquate (selon votre propre jugement).
3. Remarquez comment vous vivez cette « scène » dans votre esprit (êtes-vous associé ou dissocié de cet événement ? Vivez-vous les choses émotionnellement (vous êtes associé) ou pas (vous êtes dissocié) ?)
4. Si vous êtes dissocié, vous êtes déjà dans l'état recherché, l'événement choisi n'est peut-être pas assez présent. Attention de ne pas vous tromper avec le concept « dissocié » (vous pouvez très bien regarder les choses de l'extérieur dans votre

esprit et ressentir de l'émotion), être dissocié c'est ne plus être connecté à l'émotion de l'événement.

5. Lorsque vous êtes associé, vous ressentez et vivez les émotions, c'est ce qui se passe lorsqu'une situation vous « dépasse ». C'est ce que nous recherchons comme point de départ du protocole.

6. Imaginez la scène, toutes les implications, votre façon de réagir (vous pouvez aussi tenter de nommer les émotions présentes).

7. Maintenant, avec un petit (ou gros) effort d'imagination, imaginez-vous prendre de la distance émotionnelle avec l'événement, pensez à vous dans un autre espace/temps (plus il sera agréable plus vous me ferez plaisir), tout en gardant une partie de votre attention sur la scène problématique.

8. Augmentez la distance entre la scène problématique et l'autre espace/temps. Vous remarquerez que la scène problématique se décharge des émotions difficiles et que celles-ci ne vous impactent plus ou presque plus. C'est ce que nous recherchons.

9. Demandez à votre esprit tout entier ou à votre inconscient, si vous êtes plus à l'aise avec le concept, de vous aider à identifier tous les déclencheurs de ce type de situation problématique et d'y associer ce nouveau comportement de mise à distance.

10. Revenez dans un état d'éveil.

11. Expérimentez cette dissociation avec une bonne petite situation habituellement difficile.

12. Renouvelez ce protocole tant que vous n'êtes pas satisfait de l'étape 11.

Les sous-modalités

Notre esprit fonctionne en images (c'est l'imaginaire) et de manière onirique (le rêve). Aujourd'hui, nous savons que nos peurs et nos limites inconscientes naissent à partir d'images que nous fabriquons dans notre esprit, sans même nous en rendre compte. Ces peurs et ces limites peuvent même apparaître avec des commentaires « audio » (lorsque nous nous parlons dans notre tête), qui sont potentiellement destructeurs. Nous appelons souvent cela des sabotages intérieurs (« Tu n'y arriveras jamais », « T'es nul », « Tu n'en vaux pas la peine », « Ça sert à rien », etc.).

Vous pouvez vous amuser à en dresser la liste. Je suis sûr que vous serez ébahi de la quantité d'autosuggestions que vous êtes capable de faire. Mais rendez-vous compte aussi de toutes les choses merveilleuses que vous seriez capable d'entreprendre à partir de maintenant si seulement vous appreniez à inverser stratégiquement ces autosuggestions…

Ne me remerciez pas tout de suite. Continuez à lire : le reste est tout aussi important que ce que nous venons de voir.

Les sous-modalités sont utilisées en hypnose, en auto-séance ou en séance guidée, pour diminuer et supprimer les peurs en agissant sur les images intérieures ou les commentaires « audio », ces « conteneurs » de mauvaises habitudes et d'autoprogrammations (je répète souvent que ce sont nos images, nos voix intérieures, nos pensées qui contiennent nos expériences et les transportent).

Il faut donc agir sur eux pour transformer non pas nos expériences, qui restent ce qu'elles sont, mais plutôt la manière dont nous les interprétons. Vous allez pouvoir rendre une image plus floue, la modifier en noir et blanc si elle était en couleurs, transformer le rythme de votre voix intérieure, diminuer son volume, déplacer la voix à gauche ou à droite, d'une oreille à l'autre…

Je me souviens d'une séance avec une personne qui perdait toute confiance en elle quand son associée haussait la voix. Cette voix était tellement présente que la personne que je recevais l'entendait lors des séances, ce qui la renvoyait « automatiquement » au souvenir d'une enseignante particulièrement dure qui l'avait brimée pendant une partie de son enfance. Je lui ai demandé quelle était la voix la plus ridicule qu'elle se rappelait avoir entendue et elle m'a parlé de son fou rire la première fois qu'elle a entendu parler Donald Duck. Je lui ai alors proposé de remplacer la voix de cette enseignante tout comme celle de son associée par la voix de Donald Duck. Le résultat a été époustouflant. Après cette séance, ma patiente a réussi à garder toute sa confiance en elle en présence de son associée. Surtout, elle a réussi à négocier certaines conditions de rachat qui lui semblaient impossibles quelques jours auparavant. Ce changement a eu un impact si fort dans son fonctionnement qu'elle n'en revenait pas elle-même. Je lui ai d'ailleurs conseillé de recommencer régulièrement ce processus en autoséance, avec d'autres sujets, pour amplifier son bien-être et atteindre d'autres objectifs.

En théorie, toutes les variations se révèlent d'une grande efficacité pour modifier ces « conteneurs » d'émotions bloquantes. En pratique, je suis pour ma part plus sensible à certaines sous-modalités. Mais ce ne sont pas toujours les mêmes : elles changent selon la problématique et c'est à moi d'expérimenter les modifications et de ne garder que celles qui me conviennent le mieux dans le travail d'une autoséance.

➡ LES SOUS-MODALITÉS EN DOUZE ÉTAPES

1. Utilisez une « transe ».
2. Choisissez un souvenir désagréable (évidemment, évitez tout ce qui est horrible, restez simple).
3. Concentrez-vous sur les modalités de ce souvenir (cinq sens : ce que JE vois, entends, touche, sens, goûte).
4. Commencez à changer une sous-modalité (la luminosité de ce que je vois, la texture de ce que je touche), puis une autre, et encore une autre (mais une seule à la fois).
5. Vérifiez que l'émotion s'améliore avec chaque changement ou revenez à l'état initial.
6. Faites tous les changements nécessaires jusqu'à ce que le souvenir devienne neutre (sans émotion) ou agréable.
7. Quand vous avez atteint la situation idéale, demandez à votre esprit d'enregistrer ce souvenir avec ces nouvelles modalités.
8. Revenez à un état d'éveil.

9. Repensez à ce souvenir. Que déclenche-t-il ?
10. Émotions agréables ou neutres : recommencez jusqu'à obtenir satisfaction et la certitude que c'est bien installé.

    Émotions encore désagréables : recommencez jusqu'à faire disparaître tout reliquat d'émotions désagréables.
11. Vérifiez dans votre quotidien que les pensées vers ce souvenir sont confortables.
12. Recommencez jusqu'à être pleinement satisfait de l'étape 11.

La chenille et le papillon

Il s'agit d'un protocole de changement (métaphore de transformation dans la chrysalide) que nous effectuons dans chaque session de formation à l'autohypnose, car il est à la fois simple, efficace et facile.

➟ LA CHENILLE ET LE PAPILLON EN DOUZE ÉTAPES

1. Utilisez une « transe ».
2. Imaginez-vous en chenille et baladez-vous dans un endroit agréable et sûr. Éliminez tout ce qui empêche cela.
3. Choisissez un lieu confortable pour créer votre cocon.
4. Vivez sa création et grandissez à l'intérieur de lui.
5. Imaginez ou vivez votre transformation à l'intérieur de votre cocon.
6. Sentez la transformation finale. Vos ailes grandissent, sentez-les ouvrir totalement le cocon.
7. Prenez votre envol, amusez-vous à visiter tous les lieux qui vous intéressent.

8. Si un danger survient, gardez votre sérénité, faites ce qu'il faut pour y faire face et utilisez toutes les ressources disponibles pour vous dépasser.
9. Posez-vous en lieu sûr pour reprendre votre « voyage » dans une future autoséance.
10. Revenez dans un état d'éveil normal.
11. Profitez de l'expérience que vous avez vécue et laissez le changement s'opérer dans votre vie.
12. Renouvelez cette expérience autant de fois que vous y prendrez du plaisir.

La bulle d'énergie

Je propose souvent ce protocole aux personnes qui cherchent à conserver ou à augmenter leurs niveaux d'énergie, à se protéger des agressions extérieures, à refuser les suggestions néfastes ou à accepter les compliments et les gestes de bonne volonté. Ce protocole est particulièrement puissant et agréable ; je l'imagine comme une merveilleuse façon de commencer la journée. Vous pouvez vous préparer à voir dans cette journée tout ce que vous voulez y voir de positif et vous protéger du négatif de manière inconsciente ; vous pouvez ouvrir les yeux sur les bons côtés et vous éviter les aspects désagréables.

La mission de cette bulle est de laisser entrer toutes les bonnes choses, les bonnes énergies, pour vous en nourrir et amplifier votre bien-être, et de bloquer les mauvaises énergies, les mauvaises choses. Peu importe comment vous vous représentez la manière dont les « bonnes choses » entrent, l'important c'est de les laisser entrer. Peu importe comment les mauvaises choses sont interdites d'entrée, l'important c'est de les empêcher d'entrer.

Une patiente reçue la veille du jour où j'ai écrit ces lignes me racontait qu'au début elle voyait sa bulle se déformer sous l'impact d'un coup de poing (sa représentation des mauvaises suggestions extérieures) et qu'à force de « consolider » sa bulle, elle se sentait tous les matins plus forte et que celle-ci ne se déformait plus. Il lui a fallu moins d'une semaine pour s'habituer à faire ce petit exercice matinal dans son semi-réveil (excellente transe spontanée).

➠ LA BULLE D'ÉNERGIE EN DIX ÉTAPES

1. Utilisez une « transe ».
2. Visualisez de votre mieux votre corps (je parle d'une sorte d'hologramme intérieur).
3. Accueillez l'image d'une bulle autour de vous (sa couleur, texture, densité, taille initiale).
4. Modifiez tous les éléments de cette bulle qui ne lui permettraient pas d'être parfaitement efficace.
5. Remplissez cette bulle d'une couleur magnifique, d'une lumière merveilleuse.
6. Donnez une densité parfaite à cette bulle, mettez-la à une distance confortable du corps (cette distance est très individuelle).
7. Baignez dans cette bulle, sentez-vous en parfaite sécurité et en parfaite harmonie avec elle.

8. Faites sortir tous les sentiments négatifs ou émotions dérangeantes pour continuer la journée dans une énergie de plaisir et de joie.
9. Faites cette séance le plus souvent possible.
10. Remarquez que cela devient chaque fois plus facile.

Chapitre 6

En savoir plus sur les outils

La profondeur de transe

Étonnamment, ce sujet est central pour toute personne s'intéressant à l'autohypnose alors que cela ne devrait même pas lui effleurer l'esprit.

Chaque fois que je reçois des stagiaires, j'insiste sur le fait que la profondeur de transe n'a aucune importance pour commencer à pratiquer l'autohypnose. D'ailleurs, plus vous vous demandez si vous êtes profondément en transe ou pas, plus vous faites revenir le bouchon sur la bouteille. Laissez tomber cette histoire de profondeur. Votre seul outil de mesure, au début, doit être le plaisir que vous retirez de vos autoséances et les résultats que vous obtenez dans les heures ou les jours qui suivent.

L'autohypnose est un jeu. Un amusement sérieux pour vous aider à atteindre des objectifs et à modifier certains de vos comportements. Pour continuer à argumenter sur cette notion de profondeur de transe, j'aimerais vous rappeler que nous passons la plupart de notre temps dans un état modifié de conscience et que c'est d'ailleurs dans cet état-là que nous sommes habituellement les plus prompts à suivre ou à enregistrer une suggestion ou une autosuggestion.

Croyez-vous que vous vous demandez chaque fois si la profondeur de transe est suffisante pour faire ces autosuggestions ou que les personnes autour de vous mesurent la profondeur de votre transe avant de vous donner des injonctions ou de vous faire des suggestions ?

Bien sûr que non.

Tout ceci se produit naturellement, sans que vous ayez besoin de faire quoi que ce soit. Alors cessez de chercher une excellence là où elle est inutile et surtout invérifiable. Profitez simplement de ce que vous savez déjà très bien faire.

Je vous encourage à reconnaître tous ces moments de la journée où vous avez tendance à faire sauter le bouchon de la bouteille, quand votre esprit conscient s'absente et laisse toute la place ou presque à votre inconscient. Lorsque vous aurez repéré dans votre quotidien ces moments où vous « lâchez », vous apprendrez d'un maître (vous-même) comment induire une transe*.

---

* Au prochain chapitre, je vous proposerai diverses inductions que vous pourrez reconnaître dans votre espace quotidien ou expérimenter pour induire une transe. Mais souvenez-vous que tout le monde n'est pas « sensible » de la même manière à chaque induction, vous en aimerez certaines et d'autres moins. Apprenez surtout à reconnaître celles qui fonctionnent le mieux avec vous, à la fois pour les utiliser, mais aussi pour les observer lorsqu'elles se produisent dans votre quotidien.

Vous lirez ici ou là que la profondeur de transe n'a aucun impact sur la réussite d'une séance. Voilà une très jolie suggestion, et surtout tellement facile à prouver !

Bon, soyons sérieux deux minutes : une telle affirmation est plutôt une sorte de paradigme sur lequel la plupart des professionnels de l'hypnose tendent à s'accorder. C'est peut-être pour rassurer les débutants ou pour faciliter le travail hypnotique, je ne sais pas. Cependant, à ce jour, rien ne vient confirmer ou infirmer ce postulat, car à ma connaissance aucune étude sérieuse ne s'est intéressée à ce sujet. Je vous propose donc de partir du principe que **la profondeur de transe importe peu du moment qu'il y a une transe** (même s'il est plus facile d'obtenir certains phénomènes dans une transe profonde que dans une transe légère), et c'est sur ce point que je veux porter toute votre attention.

Des techniques comme la programmation neurolinguistique (PNL) ont été enseignées à de nombreux professionnels en France. Si on regarde de plus près les travaux de Richard Bandler et John Grinder, les deux auteurs qui ont inventé cette méthode, on se rend compte que 80 % de leur travail s'appuient sur des techniques hypnotiques alors que les trois quarts des organismes français qui proposent une formation en PNL n'en parlent jamais. Ils forment des praticiens à utiliser des techniques hypnotiques sans jamais aborder le phénomène de transe (ou en une seule journée, ce qui est clairement insuffisant). Ces praticiens réalisent donc des

« protocoles » sur des gens qui ont les yeux fermés et qui ne sont pas toujours en « transe ». Ils s'étonnent ensuite de ne pas obtenir de résultats concluants !

Si vous avez été formé à ce type de technique, essayez de vous remémorer si on vous a parlé de la transe. Cela pourra vous aider à comprendre pourquoi certains outils ne fonctionnent pas aussi bien que vous le souhaitez.

Donc, même si la profondeur de transe n'est pas l'essentiel de notre questionnement aujourd'hui, il reste fondamental d'obtenir cet état modifié de conscience (spontanément ou non) pour avoir des résultats, que ce soit pour vous-même ou lorsque vous travaillez avec les autres. Si vous avez été formé dans ce sens, vous avez tous les outils pour être efficace.

Sachez où vous allez !

« Jamais peintre, eût-il ses couleurs toutes prêtes, ne rendra la ressemblance s'il n'est fixé d'avance sur ce qu'il veut représenter. Nos fautes viennent de ce que nos délibérations embrassent toujours des faits partiels, jamais un plan général de vie. On doit savoir, avant de lancer une flèche, quel but on veut frapper : alors la main règle et mesure la portée du trait. Notre prudence s'égare, faute d'avoir où se diriger. ***Qui ne sait pas vers quel port il doit tendre n'a pas de vent qui lui soit bon.*** *Comment le hasard n'aurait-il point sur notre vie un pouvoir immense ? Nous vivons au hasard. »*

Sénèque

C'est une de mes citations préférées de Sénèque. Je l'utilise souvent pour parler des objectifs que l'on se fixe. Amusons-nous à décortiquer un instant cette citation.

De quel **«port»** parlons-nous? J'ai envie de vous répondre: à la fois le port d'attache, point de départ, et le port de destination. Les deux sont importants.

Ensuite, **«le vent»**: s'agit-il des moyens ou de l'énergie utilisée. Là aussi, nous parlerons des deux.

Enfin, abordons le concept du **«bon»**. De quoi parlons-nous? J'insiste souvent sur le fait que tout est «bon» en m'appuyant là encore sur une autre citation, de Confucius cette fois: **«La joie est en tout, il faut savoir l'extraire.»** Donc, même dans les mauvaises choses, nous trouvons souvent, à terme, des avantages ou des bonnes choses. Le «bon» dont parle Sénèque se rapproche, pour filer la métaphore, du «bon vent», qui lui-même nous rapproche de ce que l'on souhaite obtenir.

De nos jours, tout le monde connaît le GPS, ce système de géolocalisation fonctionnant à l'échelle de la planète. Ce système permet de nous repérer grâce aux satellites et son fonctionnement nous sert à déterminer «une route» pour nous rendre à un endroit. L'objectif devient donc plus clair. Pourtant tout le monde ou presque oublie une chose essentielle: pour pouvoir établir cette «route», notre GPS commence par déterminer l'endroit où il se trouve, sa position sur terre selon des axes très précis.

Lorsque vous voulez obtenir quelque chose, il me semble fondamental de savoir avant tout d'où vous partez, ce que vous « êtes », la détermination de « qui vous êtes » à « l'instant présent ». **C'est « votre port d'attache ».** Ce n'est qu'ensuite que vous vous intéresserez au **« port de destination »** – à ce que vous voulez obtenir.

Lorsque vous aurez bien déterminé ces deux ports, « d'attache » et « de destination », vous pourrez mettre en œuvre des actions pour « faciliter » la prise au « vent ».

Commencer par le « port d'attache » signifie que vous reconnaissez où vous êtes sur votre chemin, ce que vous faites, ce que vous pensez, sans vous juger (effectivement, pour certains, ce début est une véritable épreuve, mais je pense qu'elle est fondamentale pour démarrer un processus de changement ou d'amélioration). « Simplement » accueillir ce qui se passe là, ici, maintenant.

Ensuite, pour le « port de destination », deux possibilités s'offrent à vous : **soit vous vous fixez un objectif clair et précis, soit vous vous donnez juste une direction.**

Le choix d'un objectif clair et précis

Selon moi, formuler un objectif doit répondre à certains critères pour se donner les moyens de mieux l'atteindre. Gardons notre métaphore du GPS : vous conviendrez avec moi que si vous dites que vous ne voulez pas aller à Bruxelles, vous n'êtes pas en train d'indiquer précisément à votre GPS l'endroit où vous souhaitez vous rendre. C'est la même chose pour votre esprit : si vous

vous dites que vous ne voulez plus réagir comme ci ou comme ça dans telle ou telle situation, vous formulez ce que vous ne voulez plus mais aucunement ce que vous voulez. Vous avez une partie du « port d'attache », mais vous ne donnez en rien la direction du « port de destination ».

Apprenez à identifier plus clairement ce que vous réclamez, ce que vous recherchez, ce que vous souhaitez obtenir. Arrêtez de dire « Je ne veux plus avoir mal », dites plutôt « Je veux sentir mon corps en bonne santé » ou « Je veux sentir du bien-être ou de la plénitude dans telle ou telle partie de mon corps ».

Souvenez-vous de ce que nous avons vu plus tôt dans le livre : notre inconscient ne comprend pas la négation, mais il se focalise sur votre expérience à partir de vos pensées.

Pour aider à trouver une formulation correcte, j'utilise un outil de gestion par objectifs élaboré par Peter Drucker en 1954. Cet outil se nomme SMART, un acronyme des différents éléments dont nous avons besoin. À cet outil, j'en associe un autre, le PSI, qui m'a été légué par un formateur que j'ai la chance de compter désormais parmi mes amis. Nous utiliserons donc l'outil SMARTPSI (Simple, Mesurable, Atteignable/Ambitieux, Réaliste, Temporel, Personnel, Spécifique, Impliquant).

Je m'explique : imaginez cet outil comme une liste de « cases à cocher ». Est-ce que l'objectif que je me fixe correspond à chacun de ces éléments ? Cette liste est parfaite pour améliorer sa formulation et identifier les points les plus difficiles à préciser. Examinons maintenant chaque point un à un.

Simple

L'objectif que vous souhaitez atteindre doit être formulé de manière simple, facile à comprendre. Évitez les énoncés alambiqués et qui n'en finissent pas. La prononciation doit aussi être la plus simple possible pour déclencher de véritables émotions quand vous le formulez. Je confirme donc que le mot « simple » ne signifie pas que l'objectif doit être simple à réaliser (s'il l'était, je n'aurais pas besoin de faire un travail dessus). Le mot « simple » concerne le processus de formulation et de compréhension.

Mesurable

Quand nous écoutons nos stagiaires, nous constatons que ce point est souvent négligé et mal cerné. Or, la mesure de l'objectif est fondamentale pour savoir si nous l'avons atteint ou vérifier ce qui nous sépare de la « réussite ».

Certaines personnes formulent des objectifs en des termes non-spécifiques, peu précis. Ils utilisent par exemple des mots comme « bonheur », « joie », « volonté », « motivation », « je veux être plus heureux » ou « je veux me sentir mieux ». Il ne s'agit évidemment pas d'un objectif clair et précis, car on ne peut pas quantifier le bonheur, la joie, etc.

Vous devez trouver une façon de mesurer l'objectif que vous vous fixez pour pouvoir vérifier votre porgression, sinon il vous sera impossible de valider votre réussite ou de faire des ajustements : « Je veux gagner tant de milliers d'euros supplémentaires » ou « je veux réussir à marcher tant de mètres quand le médecin reviendra me voir ». La mesure peut s'effectuer soit en « qualité », soit en « quantité ».

Atteignable/ambitieux

Peter Drucker utilise le terme « atteignable », mais je le trouve très proche du terme « réaliste » qui fait l'objet de la prochaine rubrique. Si vous conservez « atteignable », ce principe fait référence à la détermination d'un objectif que vous savez pouvoir atteindre, parce que quelqu'un l'a déjà atteint ou parce que vous savez que vous **devez** l'atteindre.

Le verbe « devoir » est utilisé à dessein : lorsque vous travaillez à vous améliorer, **je vous encourage à imaginer que vous « devez » y arriver et non que vous « aimeriez » y arriver**. Vous n'avez clairement pas la même énergie selon le processus.

Pour ceux qui préfèrent le terme « ambitieux », et j'en fais partie, il représente un élément fort pour un objectif. La notion d'ambition permet de mettre la barre plus haut. Inutile de penser à un objectif qui manque d'ambition. Si je me fixe un objectif que je réalise tous les jours, il a peu d'intérêt, sauf si je vise l'amélioration constante dans ce que je réalise. Dans ce cas, l'objectif est clair ; il vous reste à juger s'il est ambitieux.

Réaliste

Cet élément nous intéresse à plusieurs titres. Tout d'abord, il est inutile de se fixer des objectifs irréalistes : à part vous faire perdre votre temps, il ne vous apportera sans doute pas grand-chose.

Vous perdrez votre temps, votre énergie, peut-être votre argent, etc... Je vous encourage à vérifier que l'objectif est bien « réaliste ». Ensuite, la notion même de « réalisme » est intéressante, elle soulève quelques interrogations que nos stagiaires remarquent très souvent.

Le « réalisme » est un concept philosophique à la fois très complet et complexe, et nous n'entrerons pas dans les détails ici, car ce n'est pas notre propos. Cependant, nous conviendrons ensemble que la notion de réalisme dépend de la perception de chaque individu. Ce qui paraît réaliste à certains ne le sera pas à d'autres et inversement.

Je remercie maître Yoda, le maître Jedi des deux trilogies *Star Wars*, pour son enseignement, qui va bien nous servir dans ce cas de figure. Il dit ceci : **« Tu n'arrives pas à croire. Voilà pourquoi tu échoues. »**

Si vous pensez que quelque chose est irréalisable, comment voulez-vous l'atteindre ? Souvenez-vous de cette phrase de Winston Churchill : « Il ne savait pas que c'était impossible, alors il l'a fait ! »

Une grande partie de vos échecs vient d'abord de vos pensées et de vos croyances en vos capacités. Pensez à ce point dans votre détermination d'objectif.

Évitez de proposer des objectifs que vous « savez » ou « croyez » ne pas pouvoir atteindre et préférez des objectifs plus modestes mais « réalistes » selon vos propres critères, puis avancez étape par étape. Vous pourrez atteindre ce que vous pensez pouvoir atteindre.

Temporel

J'adore cet élément, mais je crois ne jamais avoir entendu un objectif « initial » comportant cette information. J'ai souvent entendu des objectifs qui contenaient tous les autres points, mais la temporalité n'est que très rarement soulignée ou déterminée. « Je veux démissionner », « Je veux créer ma société », « Je veux trouver la force d'aller parler à cette femme », « Je veux arrêter de fumer ! », « Je veux me sentir mieux/plus heureux ». Parfait ! Mais quand ou dans combien de temps ?

Le temps donne une information déterminante : **« Quand est-ce que je souhaite agir ? Quand est-ce que je veux que cela se produise ? »**

D'ailleurs, vous vous rendrez compte rapidement que lorsque la temporalité n'est pas déterminée, il y a rarement une action. Les choses stagnent et il ne se passe pas grand-chose permettant d'atteindre l'objectif.

Le temps peut être exprimé de deux manières : soit par une date butoir (« Je veux avoir terminé mon livre à telle date »), soit sous la forme de durée (« Je veux avoir terminé mon livre dans un mois »).

Mais si je dis « Je veux avoir terminé mon livre rapidement » ou « Je veux travailler vite pour terminer mon livre », cette formulation oublie la notion de temporalité et l'information ne sera pas claire dans mon esprit, car les mots choisis n'informent pas suffisamment sur le temps que je me donne pour réussir.

Attention, se fixer une deadline ou faire un rétroplanning ne signifie pas qu'il faut s'y tenir à tout prix. Inutile d'être buté ou têtu. Si vous vous rendez compte que les objectifs que vous vous êtes fixés ne sont plus atteignables, c'est votre « devoir » d'être souple et de revoir le temps que vous vous êtes accordé pour réussir.

Pour la publication d'un livre, nous devions rendre notre manuscrit à une certaine date et lors de mes séances d'autohypnose ayant pour but d'améliorer ma créativité et la qualité de mes écrits, j'ai reformulé l'élément temps. Effectivement, nous avions remarqué que nous devions modifier certains paragraphes et que la date que nous nous étions fixée ne correspondait plus au travail à effectuer. Je suis resté cohérent avec moi-même et j'ai pu éviter les conflits intérieurs qui auraient été générateurs de doute et de stress.

Personnel

Selon moi, dans le cadre d'une séance d'autohypnose, un objectif doit rester tout à fait personnel et correspondre à des actions que vous pouvez mener sur vous-même: «Je veux pouvoir effectuer ceci», «Je veux changer mon comportement lorsque ceci se produit». Peu importe ce que vous voulez demander à votre inconscient, ce qui compte c'est que ce soit quelque chose qui vous appartient.

Je demande souvent aux stagiaires d'imaginer une baguette magique avec laquelle ils peuvent réaliser ce qu'ils veulent à partir du moment où cela les concerne intérieurement. «Je veux qu'il/elle change de comportement», «Je veux qu'il/elle arrête de faire ceci»: ces formulations ne peuvent pas convenir, car elles ne vous impliquent pas directement.

Je désire aussi attirer votre attention sur le fait que, si vous «changez», vous vous rendrez compte à quel point ce changement peut influencer votre environnement. Vous pouvez ainsi vraiment agir sur les autres par votre propre changement.

Spécifique

Cet élément doit être mis en perspective avec la notion de «mesurabilité». Lorsque vous rendez un objectif précis, vous êtes plus capable de mesurer où vous en êtes. C'est pourquoi j'insiste sur la précision dans la formulation d'un objectif. «Je veux me sentir bien», comme vous l'aurez remarqué, n'est pas assez précis.

Demandez-vous plutôt: «Qu'est-ce que je veux *exactement*?»

« Je veux gagner plus » est un objectif tout à fait honorable, et en même temps il n'annonce ni « plus de quoi » ni « combien exactement ». Dans un séminaire, un stagiaire a annoncé cet objectif : je me suis dirigé vers lui et lui ai donné une pièce de 10 centimes d'euros en le félicitant d'avoir déjà atteint son objectif. Il venait de gagner plus d'argent. Ce geste tout simple a eu un gros impact, puisque toute la salle a compris en un instant la nécessité de poser des objectifs précis pour ne pas risquer d'être déçu par un objectif « atteint », mais « pas assez ».

Impliquant

Cet élément rejoint l'« ambition ». Pour moi, l'implication est un socle fondamental. Si l'objectif que vous vous fixez n'est pas impliquant, si vous ne vous sentez pas impliqué dans votre objectif, arrêtez immédiatement. Vous ne vous donnerez pas à 150 % de votre potentiel et quand se présentera le premier obstacle, vous ne posséderez pas assez de motivation pour recommencer et recommencer jusqu'à « réussir ».

De nombreux livres prétendent que le talent est la clé de la réussite. Personnellement, je pense que le talent est un « boosteur » de la réussite, mais qu'il n'est rien à côté de la « persévérance ». Si vous ne persévérez pas, vous risquez d'échouer.

Être impliqué signifie vouloir réussir à tout prix et quels que soient les obstacles que vous rencontrerez. Alors pensez à vérifier que l'objectif que vous vous êtes fixé correspond bien à cela.

Un objectif flou et vague

Certaines personnes disent qu'un objectif n'a pas besoin d'être précis et qu'il est inutile de passer par l'outil précédent pour entamer une séance d'autohypnose. Au risque de me contredire, je répondrai qu'en effet, dans certains cas, on peut s'abstenir de préciser un objectif.

Vous pouvez éviter de déterminer un objectif quand celui-ci est parfaitement clair et précis (je rigole !) et que vous savez où vous voulez aller ou ce que vous voulez obtenir (cette fois, je suis sérieux). À partir de là, vous pouvez demander à votre inconscient de « travailler » à l'atteinte de l'objectif que vous vous êtes fixé. Cependant, j'insiste sur le fait que vous aurez quand même besoin de préciser les choses à un moment ou à un autre si vous voulez être efficace. Sinon, il vous sera difficile, voire presque impossible, de faire une séance efficiente.

Maintenant que j'ai suffisamment insisté sur la nécessité de bien préparer votre objectif pour commencer une autoséance, je peux me permettre de vous expliquer comment je vois les choses, c'est-à-dire comment vous pouvez utiliser l'autohypnose « différemment ».

Oui, je passe mon temps à me contredire. Et alors ?

Plus sérieusement, pour commencer en autohypnose, savoir se poser des objectifs SMARTPSI vous permettra de gagner beaucoup de temps et d'être vraiment efficace.

Cependant, j'aime aussi, et même surtout, utiliser l'autohypnose de manière plus légère et plus ludique. Pour moi, l'hypnose, ou plus exactement l'état modifié de conscience, est présente « presque » tout le temps. Je me sens plus souvent dans un état hypnotique que dans un état d'éveil conscient, et donc ce sont ces moments-là que j'aime utiliser.

Je le fais le plus souvent possible, pas dans un but précis mais plutôt en laissant mon esprit suivre ses rêves et en utilisant simplement ma capacité à agir sur mes pensées intérieures. Si une visualisation ne me convient pas, je la change ou je demande à mon esprit de trouver des alternatives pour que cela me « ressemble » plus ou me « convienne » mieux.

Il est tellement dommage de « perdre » ces moments précieux de contact « conscient/inconscient » ! Je pense que nous devrions apprendre à en profiter le plus souvent possible dès notre plus jeune âge.

Voilà comment j'aime utiliser mes autoséances lorsque mon esprit part dans un « voyage intérieur ». J'ai appris à reconnaître les moments où cela se produit et je peux alors utiliser pleinement le potentiel de mon esprit, partir dans des « métaphores ouvertes », découvrir au fil de mon « voyage intérieur » des potentiels et des ressources à utiliser, à amplifier ou même à modifier.

Sans aucun jugement, je m'offre ces instants lorsqu'ils se présentent.

Je me souviens d'un enseignant en hypnose qui nous disait qu'il était difficile ou long de rencontrer ce que l'on appelle « son guide intérieur ». Annonce stratégique, psychologie inversée ? Je ne lui ai jamais posé la question (même si je me doute de sa réponse). Mais il ne me fallut que quelques heures de pratique pour rencontrer mon propre « guide intérieur ».

Le premier que j'ai rencontré se trouvait dans une clairière dont je me souviens en détail. Il ressemblait à un Indien d'Amérique, avec sa tunique et sa coiffe de plumes. Ses conseils m'ont été précieux et je ne me suis pas étonné de rencontrer ce type de guide. Vous ne l'auriez pas été non plus si vous connaissiez ma passion pour cette civilisation.

Le cinéma est une autre de mes passions, en particulier les films entre action et science-fiction. Je ne suis pas surpris quand, au détour d'un chemin, dans mon esprit, maître Yoda – encore lui – surgit pour m'annoncer un « combat » que je dois effectuer pour « avancer » dans ma « quête ». Non, je ne fume rien, je ne bois que rarement et modérément et je ne possède pas de rideaux! Je raconte ces expériences pour montrer que tout, même ce qui peut paraître ridicule, peut se produire dans votre esprit.

Personne ne vous demande de raconter ce qui se passe dans vos autoséances, donc laissez votre inconscient choisir pour vous les meilleurs messagers afin de communiquer avec vous. Pour moi, rien ne représente mieux le savoir, la sagesse absolue qu'un « homme médecine » ou un petit bonhomme vert… Dès lors que vous faites la différence entre la réalité et ce qui se produit dans votre esprit, et qu'il s'agit bien de « métaphore », tout est à sa place.

Si cela vous permet d'avancer sur votre chemin personnel, je vous encourage à continuer et surtout à observer les résultats obtenus après ces autoséances. C'est l'essentiel. Par contre, si vous me dites que vous rencontrez ces personnages dans votre « vraie » vie, je préfère que vous m'appeliez tout de suite pour qu'on en discute.

Si vos aventures se déroulent avec le plus grand bénéfice pour vous, si elles vous apportent des solutions, du bien-être et une meilleure vie, continuez à prendre beaucoup de plaisir dans vos autoséances. Et surtout, pensez à conjuguer vos problèmes au passé et vos solutions au futur (donc, pas question de se dire « J'aurais dû… », « J'aurais pu… »). Prenez l'habitude de vous orienter de manière bénéfique sur votre « ligne de temps ».

Des signes de transe, moi ?

Les signes de transe sont des signes émis inconsciemment et qui signalent que votre état de conscience se modifie ou est modifié. Il en existe une multitude et nous ne pourrons pas en faire de liste exhaustive aujourd'hui.

Nous pouvons toutefois en déterminer deux classes : les signes intérieurs et les signes extérieurs.

Les **signes intérieurs** sont ceux que vous serez seul capable de « ratifier » (confirmer d'une manière ou d'une autre). Ce sont des signaux que vous « ressentirez »,

« remarquerez », « détecterez » en vous : modification de vos perceptions intérieures, chaleur dans le corps, rythme cardiaque, hallucinations, distorsion du temps, frissons, pensées, tension du corps, micromouvements, picotements, sensations d'anesthésie, sensations internes, sensation de lourdeur ou de légèreté, etc… Il en existe autant que vous pouvez en ressentir.

Les **signes extérieurs** sont plutôt observables de l'extérieur par un individu informé et formé : modification de posture, apparition de nouveaux mouvements, balancement du corps, tension musculaire, différence de rythme (respiratoire, cardiaque), papillonnement des paupières, larmes physiologiques, catalepsie, lévitation, bâillements répétés. Je parle de lévitation d'une partie du corps ; si réellement vous faites une lévitation complète, je vous serais très reconnaissant de m'appeler pour me faire une démonstration !

Toutes les modifications que l'on peut observer chez une personne sont susceptibles de nous informer sur le changement de son état de conscience. Le passage d'un regard actif à un regard fixe ou focalisé, sans papillonnement de paupières, signifie souvent une modification de l'état de conscience.

Je remarque souvent, après quelques minutes où mes yeux se sont fixés sur un point sans importance, que mon esprit s'est « déconnecté » ou « absenté ». D'ailleurs, c'est souvent quand j'en prends conscience que mon esprit revient à un éveil conscient et perd contact avec l'autre partie de mon esprit. Savoir repérer cet état modifié de conscience ne veut pas forcément dire savoir l'amplifier ou le conserver, ni même que je doive forcément l'amplifier ou le maintenir. Cela dépendra surtout de ce que je souhaite faire quand cela se produit.

Pour revenir sur les signes de transe, savoir les reconnaître est un gain de temps et une manière d'éviter de chercher le bouchon de notre bouteille. Moins vous vous demanderez si vous êtes vraiment dans un état modifié de conscience et plus vous approfondirez cet état. Arrêtez de vous poser la question et apprenez à le reconnaître une bonne fois pour toutes. Alors vous aurez plus de « chances » d'approfondir cet état.

Souvenez-vous que chaque signe vous est propre. Ne vous demandez pas ce que les autres ressentent car vous en seriez inconsciemment à chercher les mêmes signes chez vous, alors même que vous êtes déjà en transe.

J'ai écrit ce livre de telle manière que vous allez probablement passer votre temps à entrer et à sortir de cet état. Pendant votre lecture, prenez garde à ce qui se passe en vous et apprenez à reconnaître vos signes de transe. Car vous êtes déjà entré dans cet état au cours de la dernière heure que vous venez de vivre.

Les fusibles

Un fusible a pour fonction de protéger d'un court-circuit ou de surintensité un circuit d'alimentation. En d'autres termes, c'est ce qui doit « sauter » si une surintensité se produit dans un circuit électrique. Vous l'aurez deviné, nous n'allons pas changer le thème de ce livre pour nous intéresser à l'électricité appliquée, mais utiliser le fusible comme une métaphore de ce que nous voulons obtenir : une protection inconsciente avant de commencer notre autoséance.

Les fusibles sont là pour faire en sorte que tout se déroule pour le mieux dans ma séance d'autohypnose. Faire une séance d'autohypnose, c'est un peu comme remplacer un interrupteur ou une ampoule. D'accord, dans ce cas on coupe le disjoncteur. Nous n'avons pas l'opportunité de couper notre esprit, mais nous pouvons renforcer nos fusibles pour éviter tout risque de surintensité (trop d'émotions, l'accès à un traumatisme enfoui, des sensations désagréables, un temps de séance trop long, l'inaction face à un danger extérieur, etc.)

Notre potentiel prend sa source dans notre esprit inconscient, qui possède aussi la clé d'accès à certaines de nos peurs ou de nos pensées limitantes. Alors amusons-nous à changer les ampoules et les interrupteurs que nous connaissons et qui ne risquent pas de nous rendre plus mal. Et travaillons le reste avec des professionnels qui sauront comment nous aider à gérer les imprévus et les surintensités d'émotions.

Concrètement, les fusibles sont des suggestions ou des injonctions que vous allez formuler à voix haute ou dans votre esprit avant de commencer une autoséance. En voici quelques exemples.

- **Fusibles de durée de l'autoséance :** « Tu resteras dans un état de transe pendant 30/15/10 minutes » ou « Tu reviendras pleinement éveillé et reposé après 30/15/10 minutes de transe ».
- **Fusibles de danger extérieur (fuite de gaz, accident dans la rue, etc.) :** « Si un danger quelconque se produit, tu reviens immédiatement ici et maintenant, frais et disponible, prêt à agir en pleine conscience. »
- **Fusible de sensations agréables exclusives :** « Tu peux oublier consciemment tous les bruits que tu entends, ou les laisser participer à cette autoséance » ou « Pendant cette séance, j'accéderai exclusivement à des sensations agréables et confortables pour mon bien-être et mon développement personnel ».

Il existe autant de fusibles que vous pouvez imaginer de choses à éviter ou à souhaiter pour effectuer une excellente séance d'autohypnose.

Le langage des émotions

Je n'insisterai jamais assez sur le fait que tous nos changements se font au niveau inconscient et après une succession de processus qui restent à ce jour inexpliqués. Ce que nous savons, par contre, c'est que nous passons notre vie entière à changer.

La plupart de nos changements passent inaperçus et ceux que nous repérons sont ceux qui sont associés directement à une émotion forte et intense. Le postulat de l'hypnose se pose en ces termes : **tout changement doit se produire à l'aide des émotions ; pas d'émotions, pas de changements.**

Donc, vous devez apprendre à accepter vos émotions et à entrer en contact avec elles. Plus vous les refoulerez, moins votre action sera bénéfique pour vous.

Apprendre à parler le langage des émotions, c'est parler avec le cœur et non avec la logique ou l'analyse (laissez cette dernière aux « psys », ils vous en seront reconnaissants).

Pour plaisanter (mais à moitié seulement), je dirai que nous ne faisons pas de l'autohypnose pour nous comprendre mais pour être efficace. Nul besoin de savoir comment je respire ni de connaître les processus qui permettent à mes poumons de fonctionner. Je ne sais pas comment l'air circule dans mon corps, et pourtant il le fait à chaque instant. Comprendre comment ça se produit ne m'aidera pas à respirer mieux.

C'est la même chose pour l'inconscient : vous n'avez pas besoin de comprendre comment il fonctionne pour qu'il vous aide à changer, vous devez simplement mieux lui expliquer les résultats que vous souhaitez obtenir. Ensuite, c'est à lui de trouver les ressources pour permettre ce changement. Mais pourquoi ferait-il quoi que ce soit pour vous s'il ne capte pas l'émotion sous-jacente à votre demande ?

J'en entends déjà qui répliquent : « Oui, mais pour ce que je ne veux pas obtenir et qui se produit pourtant, je n'ai rien demandé ! »

Faux ! Car votre demande réside dans l'évitement : « Je ne veux plus avoir mal », « Je ne veux plus souffrir », « Je ne veux plus attirer ce genre de personnes dans ma vie ». Croyez-vous que ces pensées soient véhiculées sans émotion dans votre esprit ? Vous connaissez la réponse.

Vous êtes un « être » d'émotions, il vous est impossible de pas émettre ou de ne pas ressentir des émotions, demandez-vous simplement quels genres d'émotions vous voulez ressentir, diffuser en vous. Ce sont vos émotions qui construisent votre quotidien. Même la physique quantique tend à confirmer ce fait. Si ce sont des scientifiques qui le disent, cela ne peut qu'être vrai !

Utilisez vos émotions, pensez à ce qui vous fait du bien, orientez votre esprit et vos pensées vers des choses agréables et confortables. Parlez le langage des émotions ! Ce sont elles qui vous permettront de changer.

Se préparer avant la séance

Au-delà de la détermination d'un objectif ou de la formulation des fusibles, il convient, pour se protéger, de se préparer avant de démarrer une autoséance. Cela correspond au temps que vous allez vous accorder consciemment pour choisir ce que vous avez envie de faire.

- Pour entrer dans un état modifié de conscience, préférez-vous utiliser une transe spontanée ou faire une induction ?
- Préférez-vous vous installer dans un lieu public ou dans un endroit isolé ? Le choix de votre environnement peut être fondamental dans votre lâcher-prise ou dans le maintien de votre état.
- Préférez-vous faire une autoséance maintenant, pendant que vous y pensez, ou allez-vous vous accorder encore un peu de temps et la programmer pour tel jour, telle heure ?
- Préférez-vous choisir un souvenir agréable pour commencer votre autoséance ou laisser votre esprit vous en ramener un à sa guise ?
- Préférez-vous choisir une métaphore « semi-ouverte » (avec une ligne directrice telle que la chenille et le papillon) ou une métaphore « ouverte » (une métaphore où vous laissez les choses se produire sans fil conducteur prédéterminé) ?

DES EXEMPLES DE MÉTAPHORE OUVERTE

Vous démarrez en bas d'une montagne que vous gravissez au hasard de vos rencontres. Ou bien vous êtes au milieu du désert ou des étoiles et vous avancez à la rencontre de vos guides intérieurs.

N'oubliez pas que vous avez le choix pour tous les aspects de votre autoséance. Que ces choix soient conscients ou inconscients, c'est « vous » qui décidez. Vous pouvez préparer un ensemble de suggestions bénéfiques, que vous répéterez durant l'autoséance, ou vous laisser partir « en live », sans préparer vos suggestions.

Cependant, j'encourage les « débutants » à réaliser une liste d'autosuggestions. Sinon, vous risquez d'être pris au dépourvu quand votre autoséance commencera vraiment. Vous devriez d'ailleurs vous occuper d'une telle liste dès maintenant, en prévoyant un petit carnet sur lequel vous inscrirez toutes les suggestions bénéfiques de changement que vous aimeriez utiliser dans vos autoséances.

FAITES-VOUS AIDER AU DÉBUT

En autohypnose, vous pouvez avoir de merveilleux résultats en commençant en autodidacte. Pourtant, c'est un peu comme partir en montagne avec juste un livre écrit par un guide. Vous y arriverez certainement, mais sûrement moins rapidement que si ce même guide vous accompagnait. Je vous conseille de vous faire « aider » au début par un professionnel de l'hypnose. Une ou deux séances individuelles ou un séminaire de deux jours vous donneront des bases pour profiter de votre pouvoir personnel et « redécouvrir » votre inconscient.

Le temps et les résultats

En hypnose ou en autohypnose, je pense que personne ne vous précisera jamais une durée pour atteindre un objectif ou le nombre de séances ou d'autoséances qu'il vous faudra réaliser pour obtenir ce que vous voulez. Cela reste la grande inconnue.

Nous ne pouvons répondre à cette question qu'une fois que nous avons obtenu les résultats escomptés. Il faut donc persévérer, encore et encore, même si on ne voit rien venir, si on ne perçoit aucun changement.

C'est un peu comme la foi : si vous ne croyez pas en ce que vous faites, je vous invite à commencer à y « croire » ou à arrêter immédiatement ce que vous avez entamé.

L'autohypnose est un outil formidable, et même presque magique, pour celui qui « croit » en ce qu'il fait, et qui l'utilise sciemment. Mais il doit aussi savoir que le résultat ne compte pas ; ce qui compte, c'est le chemin à parcourir avec lui-même pendant qu'il utilise son esprit autrement. Pour garder la « foi » en ce que vous faites, je vous encourage à réfléchir à ces deux citations :

« *Ce n'est pas la destination mais la route qui compte.* »

Proverbe gitan.

« *Quand on voyage vers un objectif, il est très important de prêter attention au chemin. C'est toujours le chemin qui nous enseigne la meilleure façon d'y parvenir, et il nous enrichit à mesure que nous le parcourons.* »

Paulo Coelho,
Le Pèlerin de Compostelle.

Penser à ce que l'on souhaite obtenir est une chose, être obsédé par son objectif en est une autre. Vos autoséances sont des contacts que vous établissez avec votre esprit inconscient, alors profitez-en pleinement.

Arrêtez de juger votre réussite à la seule évaluation de son niveau (j'ai atteint mon objectif à 30 %, 50 %, 100 %) et attachez-vous à observer ce qui se passe autour. Vous comprendrez alors que votre esprit inconscient peut vous apporter ce qu'il vous faut de mille manières, et le plus souvent très différentes que ce que vous aviez prévu initialement. Faites-lui confiance et avancez dans la vie autrement, plus sereinement et harmonieusement, « peut-être ».

Les phénomènes hypnotiques

Nous allons maintenant nous amuser un peu avec des outils qui, je ne vous le cache pas, sont plutôt réservés à des sujets expérimentés en autohypnose. En même temps, il est important de confirmer que tout état hypnotique s'accompagne d'une série de phénomènes appelés « phénomènes hypnotiques ». Ils sont définis par Milton Erickson comme une amplification d'un phénomène banal du quotidien. Ce n'est pas parce que vous ne les remarquez pas qu'ils ne se produisent pas.

Nous n'entrerons pas ici dans des débats compliqués sur les différents phénomènes hypnotiques. Je vous propose plutôt de lire l'ouvrage de Thierry Melchior, *Créer* *le réel: hypnose et thérapie**, qui propose une approche complète de ces phénomènes.

Ce qui nous intéresse ici, c'est de vous montrer comment vous allez pouvoir utiliser ces phénomènes en autohypnose. Ce qui suit n'est pas la seule « vérité » vraie, c'est juste ma lecture de ce que vous pouvez faire avec certains phénomènes hypnotiques.

À mesure de mes recherches et de mes échanges avec d'autres experts, je découvre de nouvelles utilisations et de nouveaux concepts sous-tendus par ces phénomènes. Que ce soit en autohypnose ou en hypnose, la première problématique des phénomènes hypnotiques, c'est que s'ils sont « trop » spectaculaires, comme la catalepsie, ils génèrent peurs et doutes chez les observateurs et sont responsables du « renforcement du mythe de la toute-puissance » de l'hypnotiseur sur son sujet (Thierry Melchior, *Créer le réel*).

Ceux qui n'ont jamais consciemment utilisé et observé de phénomènes hypnotiques sont « sceptiques » par nature. Je me souviens d'une journaliste, fort gentille par ailleurs, qui effectuait un reportage pour la télévision. Lors d'une séance filmée – avec l'accord du sujet –, une lévitation de la main a commencé (la main s'élève doucement au-dessus de l'accoudoir, avec une sensation de légèreté intense pour le sujet). J'ai utilisé cette lévitation

---

*Seuil, 2008.

spontanée tout au long de la séance pour induire une transse plus profonde et obtenir l'information inconsciente sur l'état interne du sujet que j'accompagnais. La journaliste et son cameraman nous ont bien fait comprendre que le sujet avait été « sympa » d'avoir « simulé » pendant le tournage. Il ne leur était pas possible d'accepter que ce type de « phénomène » existe.

Lors de séances d'autohypnose, les sujets qui ne croient pas à ce type de phénomène ne les vivent que rarement. Ce qui est un peu différent pendant les séances avec un professionnel, car ces phénomènes sont plus facilement induits et donc obtenus avec une plus grande efficacité, notamment parce que, dans ce cadre, la dissociation et l'absorption dans l'état hypnotique peuvent être suffisamment amplifiées pour obtenir ces résultats.

Si vous arrivez à obtenir ces phénomènes lors de vos séances d'autohypnose, amplifiez-les. Si vous rencontrez des difficultés à les induire et à les obtenir, au lieu de vous dire que vous êtes nul, rencontrez un professionnel et racontez-lui ce que vous cherchez à faire. Demandez-lui de vous aider à déclencher et à programmer ces phénomènes hypnotiques lors de vos séances d'autohypnose.

PETIT FUSIBLE

Si vous rencontrez un professionnel qui vous dit que tout le monde ne peut pas obtenir ces phénomènes hypnotiques ou qu'il est difficile de les déclencher, changez de praticien. Sinon, vous risquez de porter les propres craintes et difficultés du praticien. Évitez-vous cela.

La catalepsie

Thierry Melchior, dans *Créer le réel*, la définit comme « une sorte de suspension, d'inhibition de la motricité volontaire ». Elle peut être utilisée en autohypnose pour ratifier que vous êtes entré spontanément dans un état hypnotique. Par exemple, vous écrivez une lettre : lorsque vous réfléchissez à ce que vous voulez dire, votre main s'arrête spontanément en catalepsie au-dessus de votre feuille, prête à fonctionner et pourtant dans une immobilité totale. Aucune douleur, aucune pression, aucune résistance consciente : votre main peut rester ainsi pendant de nombreuses minutes. D'ailleurs, je viens de réaliser qu'avant d'écrire ce paragraphe, mes mains étaient « en l'air » au-dessus du clavier dans l'attente de « passer à l'action » : une vraie catalepsie spontanée.

En identifiant ce phénomène et en vous autorisant à rester dans l'état de concentration que vous vivez, vous pouvez très probablement approfondir l'état hypnotique que vous expérimentez.

L'amplification du phénomène pourrait très bien être formulée de cette manière : « Et pendant que tu sens *(le tutoiement amplifie la dissociation)* tes mains en légère catalepsie *(le mot "légèreté" amplifie la facilité à rester dans cette position)*, tu peux permettre à la partie inconsciente *(c'est elle que l'on veut suggestionner)* de choisir la profondeur de transe idéale *(première demande)* pour accéder à une plus grande créativité et développer ton imagination pendant le reste de la journée *(objectif à atteindre)*. »

La lévitation

La lévitation (d'une main, d'un bras, etc. – malgré tout mon entraînement, je n'ai encore jamais obtenu de lévitation du corps entier, mais j'y travaille…) peut intervenir à la suite d'une catalepsie.

On peut partir d'une catalepsie, pour ensuite induire une lévitation de la main ou du bras et l'« associer » avec un travail inconscient : « Alors que cette main *(dissociation)* continue de monter, jusqu'à toucher un point de ton visage *(tutoiement)*, ta détente *(tutoiement)* s'intensifie et ton esprit entre plus profondément encore dans une transe parfaite et agréable. »

La lévitation peut aussi être induite comme un signal de l'entrée en transe hypnotique : « Plus tu ressens la légèreté de cette main *(dissociation)* et plus la transe s'approfondit, alors qu'en même temps tu peux commencer à ressentir que l'autre partie de ton corps *(dissociation)* devient plus lourde. »

Pour faciliter la lévitation d'une main, vous pouvez utiliser tout un ensemble de métaphores : des nuages (pour la légèreté) attachés au poignet le tirent de plus en plus haut. Pour ceux qui préfèrent, les nuages peuvent être remplacés par des ballons gonflés à l'hélium. D'autres encore peuvent visualiser l'espace, même infime, qui existe entre la main et le support sur lequel elle repose et imaginer que cet espace augmente à mesure que la main monte, ou simplement que la main monte à mesure que cet espace augmente – c'est comme vous préférez.

Maintenant, je vous propose un petit exercice simple à effectuer plus tard. Portez votre attention sur votre bras droit ou sur votre bras gauche, selon votre préférence. Vous allez apprendre et répéter les suggestions suivantes, imaginer et visualiser de la manière que vous préférez des ballons attachés par des ficelles autour de votre poignet et imaginer qu'ils tirent sur votre main et la soulèvent progressivement :

« Ta main est légère, très légère… de plus en plus légère… tout se déroule facilement… Pendant qu'elle devient de plus en plus confortable… Peu à peu, ta main se soulève, elle commence à ressentir une… très lentement… légèreté. Elle est comme une plume, elle se soulève facilement, avec une grande surprise en toi…, et en même temps… sans surprise, tout se déroule… parfaitement facilement…, sans avoir besoin de faire quoi que ce soit… d'autre… tout le bras est comme… emmené par la légèreté de ces ballons (rouge, jaune, vert, bleu, blanc)…, avec toutes ces couleurs agréables, elle t'emmène encore plus haut… le bras monte, légèrement… d'abord doucement et ensuite… de plus en plus rapidement… à son rythme… et la main se rapproche… tu peux le sentir… de ce front… là au niveau du visage… Bientôt… très bientôt, elle va toucher le front… et quand… mais pas tout de suite, la main va toucher le front… tu atteindras une détente incroyable… parfaite… un état hypnotique très profond et très confortable… où tout est parfaitement à sa place… La main se rapproche… encore un peu… et de plus en plus… à chaque inspiration… de plus en plus près… comme si ces ballons montaient de plus en plus vite

vers le haut… et lorsque la main touche le front… tu ressentiras une profonde détente et une profonde relaxation… plongé dans un état de bien-être total… elle se rapproche… encore… maintenant… Elle touche le visage et tu la laisses faire… agréablement, pendant que tu prends… peut-être… conscience de ce qui est en train de se produire… pour ton plus grand bien. »

Laissez ensuite « votre » main rester quelques instants sur « votre » front et profitez de cette relaxation profonde qui se propage dans tout votre corps. Ensuite, vous pouvez laisser la main redescendre à son rythme – généralement le mouvement est plutôt rapide, un peu comme le chemin du retour, qu'on connaît et qu'on parcourt donc plus vite.

La durée de cet exercice varie selon les personnes et la profondeur de leur état hypnotique, mais aussi selon leur expérience des phénomènes hypnotiques.

Si pendant votre lecture ce livre s'est rapproché de votre visage, vous êtes très sensible aux suggestions et bien installé dans une transe hypnotique. Remettez le livre à une bonne distance de votre visage pour que la lecture reste confortable.

Les phénomènes idéodynamiques

Pour citer une fois encore Thierry Melchior, les phénomènes idéodynamiques (ou idéomoteurs) se produisent « chaque fois qu'une représentation mentale se traduit au niveau moteur sans (apparemment) passer par la volonté ».

Les détracteurs de l'hypnose ou des phénomènes hypnotiques insistent sur la notion de volonté : « Comment valider que les mouvements effectués le sont sans volonté consciente ? » Mais qu'entendons-nous vraiment par « volonté ». De quoi s'agit-il exactement ? La conclusion est aussi pragmatique qu'intéressante.

Dans le cadre de l'autohypnose, nous nous intéresserons à la notion de volonté uniquement du point de vue du sujet, c'est-à-dire « vous ». Chaque fois que vous aurez l'impression que ces phénomènes se développent d'eux-mêmes, spontanément, automatiquement ou involontairement, nous parlerons de phénomènes idéodynamiques. Seule votre perception compte : avez-vous le sentiment de contrôler ce mouvement ou non ?

Le signaling idéomoteur

Un des intérêts de l'autohypnose est de vous permettre d'entrer en relation avec votre inconscient sans passer par votre esprit critique/analytique. Pour cela, vous pouvez utiliser le signaling idéomoteur ou idéosensoriel. En d'autres termes, vous pouvez demander à votre inconscient de répondre à certaines questions en utilisant un mouvement physique ou une sensation. Il est possible de prédéterminer le mouvement. Vous pouvez ainsi utiliser « la signalétique par les doigts » : vous proposez à votre inconscient de bouger l'index de la main droite pour dire « Oui » et celui de la main gauche pour dire « Non ». D'autres doigts peuvent être employés pour une réponse du type « Je ne sais pas » ou « Je ne veux pas répondre ». Les deux index peuvent aussi bouger en même temps pour signifier une des deux précédentes réponses.

Il est parfaitement possible, pendant une autoséance, de demander à votre inconscient de choisir le doigt qui exprimera telle ou telle réponse.

Laisser le choix du signal à l'inconscient est sans doute plus souple, mais aussi plus risqué pour les débutants, qui ne savent pas identifier, au début, les signaux émis inconsciemment. Ces signaux peuvent tout à la fois être moteurs – un mouvement d'un doigt, d'une partie du corps comme la tête ou une jambe – et sensoriels – une sensation de chaleur dans une partie du corps, une tension interne, une perception reçue au moment de la question.

Il faut un peu d'expérience pour reconnaître ces mouvements ou ces sensations. Je me suis rendu compte que certains de mes doigts bougeaient, sans volonté consciente, lorsque j'avais les bras croisés et que mes pensées se baladaient. Au fil de mes pensées, je m'interrogeais sur des actions à mener ou à éviter et mes doigts – mon inconscient – me répondaient assez distinctement. Quand j'ai appris à identifier ces signaux, j'ai vraiment gagné du temps pour prendre certaines décisions et utiliser le savoir global de mon inconscient.

LE PENDULE DE CHEVREUL

Je pense que beaucoup d'entre vous se sont déjà amusés avec un pendule et ont constaté que les micromouvements des mains mettent ce dernier en mouvement. Le chimiste Michel-Eugène Chevreul observa ce phénomène en 1810 et nota: « Il y a une liaison intime établie entre l'exécution de certains mouvements et l'acte de la pensée qui y est relative, quoique cette pensée ne soit point encore la volonté qui commande aux organes musculaires. C'est en cela que le phénomène que j'ai décrit me semble de quelque intérêt pour la psychologie, et même pour l'histoire des sciences. »

En radiesthésie, le pendule est utilisé pour obtenir des réponses inconscientes dissociées de la volonté consciente. Malheureusement, comme le dit très bien Thierry Melchior: « Son inconvénient majeur est son côté occulte ou magique. » Il ne fait pas très sérieux.

La suggestion post-hypnotique

C'est un phénomène hypnotique que je vous encourage vivement à utiliser et à répéter, car les suggestions post-hypnotiques, comme leur nom l'indique, sont spécialement formulées pour agir après la transe.

Le principe est simple: la prochaine fois que vous tournerez la page, vous laisserez votre corps prendre une parfaite et profonde respiration. En gros, vous associez un élément quel qu'il soit (geste, son, etc.) à un comportement à effectuer: « La prochaine fois que tu entendras le téléphone sonner, tu te sentiras profondément relaxé et prêt à profiter du temps qui s'écoule en oubliant toutes les choses inutiles pour te focaliser sur ce qui est le plus important. »

Il s'agit en quelque sorte d'un réflexe conditionné. Lorsque X se produit, je réalise Y : « Quand tu entendras W crier et t'insulter, tu sentiras monter en toi une profonde envie de rire et de dépasser cette situation pour prendre conscience du ridicule de son comportement. »

L'analgésie ou l'anesthésie

L'analgésie signifie plutôt la disparition des sensations douloureuses, alors que l'anesthésie implique la disparition de toutes les sensations d'une partie du corps. Ces phénomènes sont au centre de l'apprentissage de l'autohypnose pour le travail sur les douleurs, qu'elles soient aiguës ou chroniques. Les patients que je reçois pour ce type de demandes expérimentent tous l'état de transe hypnotique avec moi pour apprendre ensuite à le faire seuls (autohypnose).

J'en profite pour programmer des suggestions post-hypnotiques qui leur permettent de pratiquer plus facilement par la suite et de se faire plusieurs autoséances dans la journée si c'est nécessaire.

La métaphore du gant

« Imagine que ta main… plonge à l'intérieur… d'un gant humide…, pas simplement humide…, mais plutôt… glacé…, un gant glacé…, plus ta main… reste à l'intérieur… de ce gant… et plus les sensations… de ta main… disparaissent…, un peu… comme si… toutes les terminaisons… nerveuses étaient endormies… Alors que ta main…

ne ressent… plus aucune sensation…, totalement engourdie…, tu la sens à peine…, et maintenant…, tu peux la poser… sur la surface… du corps…, là où elle doit agir. »

Le mot « elle » peut signifier « la main », « l'anesthésie », « la différence de sensation », cette confusion participe au transfert de sensation entre la main et la zone douloureuse). Cette anesthésie en « gant », peut prendre de nombreuses formes.

La métaphore de la salle de contrôle de notre esprit

«*Maintenant… que tu es… dans une transe profonde… et confortable…, dirige-toi… vers un endroit… dans ton esprit…, un endroit spécial…, qui représente… la salle de contrôle… de tes sensations… Une fois… que tu te trouves… à l'intérieur… de cette salle…, tu peux… trouver… le panneau de contrôle… responsable… des douleurs… et des sensations inconfortables… Observe… le chiffre qu'indique… ce panneau… et pose ta main dessus… Doucement… et lentement…, tourne le bouton… de ce panneau de contrôle…, jusqu'à obtenir… un chiffre plus bas… sur ce panneau… Le chiffre que tu sais être bon… pour toi…, celui que l'inconscient (dissociation)… peut choisir pour toi… Et alors que tu tournes ce bouton…, le chiffre diminue et… plus le chiffre diminue et plus la douleur/sensation diminue, jusqu'à, peut-être (permission) disparaître.* »

Il existe encore de multiples phénomènes hypnotiques : hallucinations, hypermnésie, amnésie, distorsion du temps, régression et progression en âge, et leur explication, ainsi que la description de leurs usages, nous prendraient un ouvrage entier. D'ailleurs, excellente nouvelle, il existe déjà : c'est le *Manuel des phénomènes hypnotiques en psychothérapie*, de John H. Edgette et Janet Sasson Edgette*. Ce livre est une référence et j'en recommande la lecture aux plus assidus et aux plus curieux.

La technique du recadrage

Cette technique est probablement l'une des plus diffusées dans le cadre de l'apprentissage de la PNL, de l'hypnose ou de l'autohypnose. Son protocole est assez simple et suit des étapes faciles à identifier. Je ne pouvais pas en parler dans le chapitre sur les protocoles, car je voulais d'abord aborder les phénomènes idéodynamiques. Nous avons besoin en effet, pour utiliser la technique du recadrage, d'un signaling idéomoteur ou idéosensoriel.

Dans ce processus, nous allons demander à l'inconscient de travailler sur les réelles « motivations » d'un comportement.

En hypnose, un paradigme existe à propos des comportements, de leur évolution ou de leur changement. Un comportement se maintiendra, souvent avec une grande énergie, tant qu'il semblera utile pour l'inconscient ou pour une partie de l'esprit. Un comportement se modifiera dès que l'inconscient ou la partie de l'esprit respon-

* Éditions Satas, 2009, collection « Le Germe ».

Le recadrage en image

Un dessin vaut mille mots et je veux être sûr de bien me faire comprendre. Je vous propose donc une version imagée de ce qui se produit dans ce processus et pourquoi nous utilisons à la fois l'inconscient et une partie responsable (dans l'inconscient) du comportement.

Ce schéma offre une représentation symbolique ou métaphorique, avec un recadrage, de l'action que nous souhaitons.

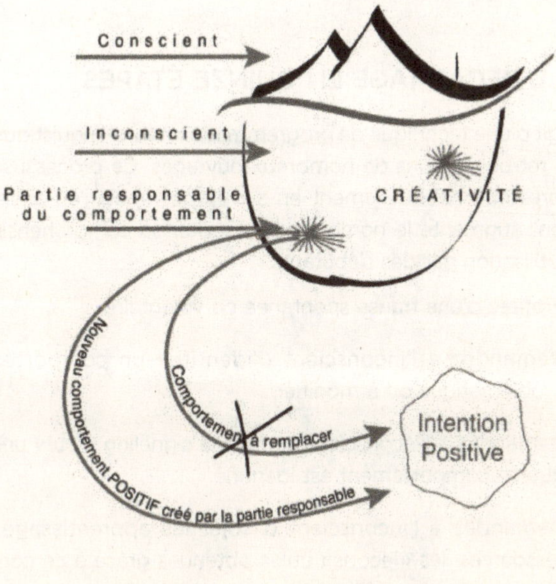

sable de ce comportement obtiendra ce qu'il recherche d'une manière autre mais plus rapide ou plus efficace.

Ce que « recherche » la partie responsable du comportement est appelé « intention positive ». On qualifie cette intention de « positive » parce qu'elle sert toujours « fondamentalement » à quelque chose. Elle est inconsciente, car nous n'y avons pas accès consciemment. Quelquefois, nous avons une piste de réflexion pour l'identifier mais nous n'avons jamais la certitude de ce qu'elle est réellement – le savoir est d'ailleurs inutile, mais peut rassurer ou permettre au conscient de rationaliser.

➠ LE RECADRAGE EN QUINZE ÉTAPES

Il s'agit d'une technique de programmation neuro-linguistique que vous retrouvez dans de nombreux ouvrages. Ce processus vous est présenté habituellement en six étapes, mais j'en ai délibérément augmenté le nombre pour faciliter sa compréhension et son utilisation par des débutants.

1. Profitez d'une transe spontanée ou volontaire.

2. Demandez à l'inconscient d'identifier un comportement problématique ou à modifier.

3. Demandez à l'inconscient de faire le signaling « Oui » une fois que ce comportement est identifié.

4. Demandez à l'inconscient d'isoler les apprentissages, les ressources, les « leçons » utiles obtenues grâce à ce comportement et de les stocker dans un endroit de l'esprit facilement accessible. Obtenez le signaling « Oui » une fois que c'est fait.

5. Demandez à l'inconscient de transférer le signaling «Oui/Non» à la «partie intérieure responsable» de ce comportement.
6. Demandez à cette partie responsable en «vous» de remonter à votre conscience l'intention positive de ce comportement (à quoi «sert ce comportement»). Obtenez un signaling «Oui/Non». Restez à l'écoute de votre intuition et des «messages» que vous pourriez recevoir.
7. Demandez à cette partie responsable d'entrer en contact avec votre créativité, pour générer mille et une solutions capables de répondre aux mêmes impératifs de comportement. Attendez le signaling «Oui» lorsque c'est fait.
8. Demandez à cette partie responsable d'évaluer chaque solution et de ne garder que les trois qui correspondent aux critères suivants:
   - respect de l'intention positive.
   - efficacité à préserver l'intention positive.
   - facilité et rapidité de mise en œuvre.
9. Demandez le signaling «Oui» lorsque les trois solutions sont trouvées.
10. Demandez à la partie responsable de choisir une solution et de l'installer à la place de l'ancien comportement, cette solution sera installée «à l'essai», pour une période de quelques jours ou de quelques semaines. Attendez le signaling «Oui».
11. Informez cette partie responsable que si, à un moment ou à un autre, elle détecte que le nouveau comportement ne la satisfait pas autant que l'ancien, elle est capable de mettre en place, selon le même processus, l'une des deux autres solutions qu'elle avait précédemment trouvées.
12. Demandez de revenir à la communication avec l'inconscient et de faire un signaling «Oui» lorsque c'est de nouveau avec lui que vous êtes en contact.

13. Demandez à l'inconscient de se projeter dans le futur et d'indiquer par le signaling si la solution installée est efficace et agréable au quotidien.
14. Obtenez le signaling « Oui ». Si vous obtenez la réponse « Non », reprenez à l'étape 5.
15. Revenez, ici et maintenant, pour profiter de votre bonne séance, recommencez tant que vous en ressentez l'envie et le besoin.

Chapitre 7

Les techniques d'auto-induction

Tout au long de ce livre, vous avez eu l'occasion de lire et d'expérimenter des inductions que vous pourrez utiliser pour vos autoséances. Je vous propose dans ce chapitre plusieurs inductions différentes pour vous aider à provoquer et à approfondir spontanément ou volontairement un état modifié de conscience.

La méthode naturaliste : ne rien faire ou presque

Je ne m'en cache pas, je suis fainéant (je préfère suggérer « intelligemment fainéant »), donc un principe simple s'impose à moi. Pourquoi m'obliger à faire ce que je fais déjà ? Notre corps et notre esprit entrent spontanément, plusieurs fois par jour, dans des états de conscience modifiée. Donc suivez le guide et laissez-vous faire. Oubliez les objectifs prédéterminés. Aucune suggestion à vous donner. Vous allez profiter de la connaissance et du fonctionnement normal de votre cerveau.

NOTRE CORPS VIT PLUSIEURS CYCLES

Les cycles ultradiens : ce sont les plus courts de tous nos rythmes biologiques. Ils vont de quelques millisecondes (le déclenchement d'un neurone) à 90 minutes.

Les cycles circadiens : les rythmes internes de notre horloge biologique, sur 24 heures, pilotent les changements physiologiques qui se produisent avec l'environnement naturel (cycle « lumière-obscurité » qui contrôle notre cycle « veille/sommeil »).

Les cycles infradiens : ces cycles font plus de 24 heures. C'est par exemple le cas de la menstruation, pour les femmes.

Les cycles saisonniers : ils sont largement contrôlés par la quantité de lumière que nous recevons pendant l'année. Un des troubles les plus communs en rapport avec le cycle des saisons est le trouble affectif saisonnier, qui est causé par le manque de lumière « bleue » du spectre pendant les jours les plus courts de l'hiver.

LES TRANSES QUOTIDIENNES VUES PAR ERNEST ROSSI

« En acceptant les phases normales de votre repos ultradien et en vous autorisant à les apprécier, quand elles surviennent au cours de la journée, vous permettrez aux processus naturels d'autorégulation de votre corps et de votre esprit de traiter et de résoudre vos problèmes. Votre attitude à l'égard de vos symptômes et de vous-même est extrêmement importante pendant cette forme d'hypnose régénératrice.

Votre symptôme, ou votre problème, est en fait un ami pour vous ! Votre symptôme est le signal qu'un changement créatif est nécessaire dans votre vie. Pendant vos périodes d'agréable détente, au cours des moments d'autohypnose ultradienne, vous recevrez à plusieurs reprises des éclairages tranquilles sur votre vie, sur ce que vous désirez vraiment et sur les façons de l'obtenir.

Un sentiment nouveau fait de considération méditative, de joie de prise de conscience éclairante et de maturité peut résulter d'une pratique régulière de l'autohypnose ultradienne. » (Ernest Lawrence Rossi.)

Vous avez sans doute remarqué que, dans la journée, votre « conscience » décroche « régulièrement » en fonction de votre activité, de votre état de fatigue, de votre « motivation » et de l'intérêt que vous portez à une action.

Les moments où la partie consciente « relâche » son emprise sur notre fonctionnement cognitif proviennent d'une transformation de nos ondes cérébrales. Notre cerveau entre « spontanément » dans un état « hypnotique » : c'est à ce moment-là que vous pouvez amplifier le phénomène et induire une « transe » de plus en plus profonde. Autorisez simplement votre inconscient à faire ce qu'il a à faire, comme il sait le faire.

Les points de suspension (...) vous indiquent les respirations ou les silences que vous pouvez laisser dans votre induction. Pensez à être aussi lent que ce sera confortable pour vous.

« *Alors que je ressens cet état d'éveil... différent en moi... en cet instant..., je peux faire une pause..., comme si plus rien d'autre... à cet instant... n'avait d'importance..., je me rends compte... que je suis... fatigué/énervé* (ressentez ce qui ne va pas pour le changer)... *et c'est comme... un signal de mon esprit... pour me montrer... que c'est le bon... moment... pour moi..., de lâcher prise..., doucement..., et de laisser... s'installer... une transe... profonde... et agréable... Cette transe... confortable... s'installe... de plus en plus... à partir de maintenant... et mon inconscient... m'aide à choisir... la profondeur de... transe..., la plus utile... maintenant.*

Toi…, maintenant…, cher inconscient…, je te demande… avec respect… de ramener… à mon esprit… un lieu agréable et confortable…, peut-être un lieu… que je connais… ou peut-être un autre inconnu…, peut-être… même… un mélange des deux… pour que je m'y… installe… intérieurement…

Pendant… que… tout ceci… se produit… tout seul …, une grande… sensation de bonheur… et de… bien-être…s'installe… au plus profond… de moi… Et… plus je ressens… cette profonde… détente… s'installer en moi…, plus je me demande… comment toi…, cher inconscient…, tu vas… utiliser… mes expériences… et mes connaissances intérieures et extérieures… pour…, d'une manière agréable et positive…, transformer consciemment… et inconsciemment… toutes les solutions… que tu peux créer…, trouver et découvrir… les solutions parfaites… à chacune de mes questions… profondes…, toutes celles qui… réclament une attention spéciale… pour m'aider à avancer… et me dépasser…

Je te fais confiance… maintenant… pour effectuer… cette démarche intérieure… sans que j'aie… besoin de comprendre… quoi que ce soit… Simplement…, peut-être dans… quelques heures ou… quelques jours…, me faire découvrir… sous une forme… ou sous une autre…, avec une image… ou une impression… dynamisante…, le processus… que tu auras choisi… de mettre en place… pour mon bien-être… et mon épanouissement… personnel…

Et lorsque… je recommence… à me rendre compte… de ce qui se produit… autour de moi…, je peux de nouveau… reprendre le chemin… de ma conscience…, je peux de nouveau… regarder… autour de moi… et voir que… peut-être… le temps… s'est écoulé… plus rapidement ou plus lentement… que ce à quoi… je pouvais m'attendre…

Je vais laisser… mon esprit ouvert… et être spécialement… curieux… des changements confortables… et bénéfiques… que mon inconscient… a déjà commencé… à mettre en place… dans mon quotidien… Je peux aussi… prévoir de… recommencer… spontanément… cette expérience… dans quelques heures… ou quelques jours… en fonction de… mon plaisir… et du besoin… que je ressentirai à ce moment-là. » (Retour ici et maintenant.)

À deux doigts de réussir

Cette méthode est une adaptation tout à fait personnelle de la « spirale sensorielle », une induction élaborée par Betty Erickson, l'épouse de Milton Erickson. Elle est intéressante pour utiliser en autohypnose le phénomène de saturation psychique et un langage hypnotique particulièrement puissant. Pour cela, il faut « saturer » d'informations conscientes les trois canaux principaux de perception de notre corps : le visuel, l'auditif et le kinesthésique (les sensations).

Nous allons utiliser à la fois la saturation psychique, le Yes-Set (une série d'acceptations à une observation objective facilite une acceptation à une observation subjective ; pour le formuler plus simplement, plus vous dites oui à une série d'affirmations évidentes, plus vous êtes conduit à entrer dans un état d'acceptation totale à ce qui se passe) et les suggestions composées (pendant que je fais X, il se produit Y).

Regardez votre main : elle possède cinq doigts. Pour ceux qui peuvent me contredire, je les encourage à adapter cette méthode au nombre de doigts qu'ils ont…

Étape 1

Vous énoncez une chose observable objectivement sur chaque doigt que vous avez. Il faut impérativement, que ce soit « vrai », que vous puissiez le remarquer réellement. En même temps, vous allez vous entraîner à ajouter des mots de liaison entre chaque observation.

(pour le pouce) *« Je ressens le poids de mon corps »*

« et »

(pour l'index) *« je vois la couleur de ma peau »*

« pendant que »

(pour le majeur), *« j'entends la musique qui passe »* (ou tout autre chose que vous êtes en train d'entendre, votre respiration, le bruit de la rue, le silence, etc.)

« et que »

(pour l'annulaire) *« je ressens le rythme de ma respiration »*

« alors que »

(pour l'auriculaire) *« je sens la texture du tissu sous mes doigts »*

« et en même temps… »

Étape 2

Vous allez recommencer avec la même main, les mêmes doigts, et énoncer une chose objective sur les quatre premiers doigts et une chose que vous voulez voir se produire sur le dernier doigt.

(pour le pouce) *«...je sens le souffle de ma respiration»*
«et»
(pour l'index) *«mon regard se focalise sur un point précis»*
«pendant que»
(pour le majeur) *«et comme tu* (dissociation/confusion) *es assis»*
«et que»
(pour l'annulaire) *«mon corps bouge encore un peu»*
«alors que»
(pour l'auriculaire: ce que l'on veut obtenir) *«je me laisse entrer en transe de plus en plus profondément et simplement»*
«et en même temps...»

Étape 3

Recommencez avec la même main, les mêmes doigts et énoncez une chose objective sur les trois premiers doigts et une chose que vous voulez voir se produire sur les deux derniers doigts.

(pour le pouce) *«...je respire calmement»*
«et»
(pour l'index) *«je ressens mon cœur battre»*
«pendant que»
(pour le majeur) *«tu* (dissociation/confusion) *sens l'air pénétrer dans tes poumons»*
«et que»

(pour l'annulaire : ce que l'on veut obtenir) *« tes paupières deviennent lourdes »*
« pour que »
(pour l'auriculaire : ce que l'on veut obtenir) *« la partie inconsciente de mon esprit approfondisse plus aisément mon état de bien-être »*
« et en même temps… »

Étape 4

Recommencez avec la même main, les mêmes doigts, et énoncez une chose objective sur les deux premiers doigts et une chose que vous voulez voir se produire sur les trois derniers doigts.

Étape 5

Recommencez avec la même main, les mêmes doigts, et énoncez une chose objective sur le premier doigt et une chose que vous voulez voir se produire sur les quatre derniers doigts.

Dernière étape

Recommencez avec la même main, les mêmes doigts, et énoncez cinq choses que vous voulez voir se produire sur chacun des doigts.

1. *« Pendant que je continue d'approfondir calmement cet état de transe »*
2. *« je laisse mon esprit s'enivrer de cette impression agréable de liberté »*
3. *« et j'ouvre tout mon esprit conscient et inconscient à chaque possibilité de confort qui s'offre à moi »*

4. *«alors que tout ceci se produit naturellement de sans que j'ai besoin de faire quoi que ce soit»*
5. *«ma transe arrive à la profondeur parfaite que la partie inconsciente choisit pour me permettre de trouver toutes les ressources nécessaires à mon changement intérieur.»*

Si vous ne vous sentez toujours pas dans un état modifié de conscience (différent d'avant l'induction), choisissez n'importe quelle autre induction. vous pourrez réitérer l'expérience à un autre moment.

L'escalier vers le jardin intérieur

Pour cette induction, vous allez utiliser la métaphore d'un escalier qui descend pour rejoindre un jardin intérieur très calme. Ce jardin peut tout à fait représenter un lieu ressource, que vous rejoindrez, dans d'autres autoséances, pour accéder à des ressources inconscientes. Vous pouvez ajouter autant de … que vous le souhaitez entre les mots ou les groupes de mots (que nous séparons ici par des virgules, sans respecter les règles habituelles de ponctuation !), l'important c'est d'avoir une voix agréable et confortable.

«*Je voudrais, te proposer, un moment, pour savoir, si tu voudrais, te sentir, plus confortable et, détendu et, te diriger, facilement vers un lieu unique, un lieu, magique.*

Ton jardin intérieur, il t'attend et tu peux le rejoindre, pour y trouver, tout ce dont tu as besoin, pour changer et évoluer.

Voudrais-tu y aller maintenant ?

Tu vas te sentir, plus détendu là, dans un moment, mais je doute, que tu remarques, autre chose.

J'aimerais, cependant, que tu restes, attentif, à tout ce qui pourra accélérer, le processus, et te permettre, d'entrer encore plus rapidement, en transe.

Bon, alors, le meilleur moyen, vraiment, de commencer, à te sentir, plus confortable, est de commencer simplement, par t'installer, aussi confortablement, que tu peux, maintenant.

Vas-y, et adopte, la position, la plus confortable, que tu veux.

Voilà, très bien.

Maintenant, je voudrais, que tu remarques, combien tu peux, te sentir, plus confortable, en prenant simplement, une respiration très profonde, et très satisfaisante.

Vas-y, une grande respiration, agréable. Voilà, c'est très bien.

Tu remarques, peut-être, déjà combien c'est agréable.

Combien, tes épaules, et ton cou, peuvent se sentir réchauffés.

Maintenant, j'aimerais que tu prennes, d'autres respirations, très profondes et très confortables.

Et, au moment où tu souffles, remarque, simplement remarque, combien tes épaules, peuvent devenir confortables.

Et combien tes yeux, peuvent se sentir, confortables, quand ils se ferment, et quand ils se ferment, laisse-les, simplement, rester fermés.

Voilà, c'est bien, simplement, remarque tout cela, et remarque aussi, combien, lorsque tu souffles, tu peux simplement, sentir, cette relaxation, qui commence à rentrer en toi, voilà, c'est bien, maintenant, alors que tu continues, à respirer, confortablement et profondément et régulièrement, tout ce que j'aimerai que tu fasses, c'est créer une image, dans ton esprit.

Simplement, d'imaginer un escalier, n'importe quel escalier, que tu choisiras. L'escalier parfait, qui te mène à ton jardin intérieur.

Cet escalier, fait 20 marches, et tu es au sommet.

Tu n'as pas besoin, de voir les 20 marches, d'un seul coup, tu peux n'en voir, qu'une partie, ou bien le voir en entier, comme tu préfères, voilà c'est bien, simplement, remarque, que tu es au sommet, de l'escalier, et remarque, la marche sur laquelle, tu te tiens, et un certain nombre, d'autres si tu le souhaites.

Maintenant, dans un moment, mais pas encore, je vais commencer à compter, de 1 à 20, et, comme tu le sais, à chaque chiffre, j'aimerais que tu descendes une marche de cet escalier.

Tu te verras descendre, cette marche, tu te sentiras descendre cette marche, une marche, pour chaque chiffre, et tout ce que tu as à faire, c'est de remarquer, simplement, de remarquer, combien tu peux te sentir, plus détendu, et plus confortable, à chaque marche, au fur et à mesure que tu descends l'escalier.

Une marche pour chaque chiffre, plus le chiffre est bas, et plus tu es bas, sur l'escalier, plus tu es bas sur l'escalier, plus tu peux te sentir confortable, une marche pour chaque chiffre, voilà très bien, tu peux commencer à te préparer, maintenant, ça va commencer.

20… Tu descends tranquillement,

19… Voilà c'est très bien,

18… Et peut-être remarques-tu, déjà, combien, tu peux te sentir, plus relaxé, je me demande, si certains endroits, de ton corps, se sentent plus relaxés, que d'autres, peut-être tes épaules, sont-elles plus relaxées que ton cou

17… Peut-être tes jambes, sont-elles plus relaxées, que tes bras, tout ce qui importe, c'est que tu te sentes confortable, c'est tout.

16… Peut-être ressens-tu des endroits, du corps, qui commencent à se relaxer, un peu plus profondément que d'autres. Peut-être, une lourdeur profonde, relaxante, reposante, dans ton front, commence déjà à se répandre et à circuler, vers le bas, à travers tes yeux, ton visage, dans ta bouche et ta mâchoire, vers ton cou, profond, reposant, lourd.

15… Un quart du chemin, et peut-être déjà commences-tu vraiment, vraiment, à prendre plaisir, à ta relaxation et ton confort.

14… Peut-être commences-tu, à remarquer que les bruits, qui avaient tendance à te distraire, le font moins, que tous les sons que tu peux, entendre, deviennent une partie de ton expérience, de confort et de relaxation.

13… C'est bien, peut-être remarques-tu la sensation, de confort, relaxante lourde et reposante, qui se répand vers le bas, dans tes épaules, dans tes bras. Peut-être, remarques-tu, qu'un bras est plus lourd, que l'autre, peut-être le bras gauche, se sent-il un peu plus lourd, que le bras droit, peut-être le bras droit, se sent-il plus lourd, que le gauche, sois attentif à ce qui se produit en toi, maintenant, peut-être les deux, se sentent-ils également, confortablement lourds. Ça n'a vraiment pas d'importance, tu peux simplement, te permettre de percevoir, de plus en plus, cette confortable lourdeur, à moins que ce soit, une sensation de légèreté. Sois attentif, à tout ton potentiel, c'est le moment de laisser, ton esprit utiliser son pouvoir.

12… Tu remarques peut-être que, même si tu te relaxes, ton cœur semble battre, plus fort, et plus vite, que ce que tu pouvais imaginer, tu remarques, peut-être, des picotements, dans tes doigts, peut-être t'interroges-tu, sur les battements de tes paupières.

11… Tu respires confortablement, lentement et profondément, et tranquillement, en remarquant cette lourdeur, qui commence vraiment à s'installer, en même temps que tu continues à remarquer cette relaxation agréable, reposante, confortable qui se répand, dans tout ton corps.

10… À mi-chemin du bas de l'escalier, tu te demandes, peut-être, ce qui pourrait, se passer, te demandant, peut-être, si quoi que ce soit en fait, est en train de se passer, et cepen-

dant, en sachant que cela, n'a vraiment pas d'importance, tu te sens si agréablement reposé, en continuant simplement, à remarquer cette confortable, relaxation croissante, qui se répand.

9… Tu remarques peut-être, que tu te sens, de plus en plus lourd, de plus en plus, confortable, qu'il n'y a rien, qui te gêne, rien qui te dérange, en même temps que, tu es de plus en plus relaxé.

8… Je me demande, si tu remarques combien, il est facile d'entendre tous les sons, importants et en laissant, les autres s'oublier à l'arrière de ton esprit, avec rien qui te gêne, et rien qui te dérange.

7… En ressentant de plus en plus, le réel plaisir, de cette relaxation, et de ce grand confort.

6… En remarquant, peut-être, la sensation profondément, agréable de repos, quand ton corps, semble, simplement s'enfoncer, de plus en plus profondément, avec rien qui te gêne, rien qui te dérange, comme si ton corps te soutenait, avec chaleur et confort.

5… Aux trois quarts de l'escalier, de plus en plus profondément relaxé, avec absolument, rien à faire, juste prendre, plaisir, à cette expérience.

4… Tu te demandes, peut-être, ce que tu vas ressentir, en bas de l'escalier, tout en sachant, combien tu te sens, bien plus prêt à être, de plus en plus profondément, relaxé, de plus en plus confortable, avec rien qui te gêne, rien qui te dérange.

3… De plus en plus près du bas de l'escalier, et tu sens peut-être, ton cœur, battre plus fort, la lourdeur, dans tes bras, et dans tes jambes, qui devient encore plus clairement, confortable, en sachant, qu'il n'y a rien, de vraiment important, sauf, le plaisir, à prendre, dans cette expérience, de relaxation confortable, avec rien qui te gêne, rien qui te dérange.

2… Presque en bas de l'escalier, avec rien qui te gêne, rien qui te dérange, alors que tu continues, à être de plus en plus, profondément, relaxé, lourd, confortable, reposé, relaxé, véritablement rien à faire, personne à satisfaire, simplement remarquer, combien tu peux te sentir, très confortable et très lourd, continue comme ça, alors que tu continues, à respirer, lentement et confortablement, d'une manière reposante.

1… Presque tout en bas de l'escalier, rien qui te gêne, rien qui te dérange, alors que tu continues, à te sentir de plus en plus confortable, de plus en plus relaxé, de plus en plus reposé, de plus en plus confortable.

Maintenant, tu es en bas de l'escalier, profondément, profondément relaxé, plus profondément, avec chaque respiration, que tu prends, pendant que tu laisses, simplement, certains souvenirs aller, tranquillement, vers l'arrière de ton esprit. Regarde, tu es en bas, de cet escalier et maintenant, tu peux entrer, dans ce jardin, ce jardin mystérieux et magique. Tu n'as plus qu'à faire un autre pas, pour y entrer et ressentir, une parfaite détente, une relaxation si profonde, que la partie inconsciente se charge, à partir de maintenant, de te présenter, toutes les ressources, dont tu as besoin, pour profiter, totalement, de cette expérience à venir. »

La respiration équilibrante

Leonard Laskow a découvert, lors de ses recherches au laboratoire de biofeedback de Stanford, un rapport entre la respiration et l'activité cérébrale. Il utilise désormais cette trouvaille dans ses travaux thérapeutiques. Il l'a nommée la respiration équilibrante.

Il a commencé par utiliser une ancienne technique de yogis, la respiration nasale alternée, pour équilibrer les deux hémisphères cérébraux. Il s'agit de fermer les narines alternativement avec les doigts pour inspirer d'un côté puis expirer de l'autre côté.

Laskow a commencé l'exercice sous le contrôle d'un électroencéphalographe qui mesurait l'activité des hémisphères droit et gauche de son cerveau. Il a alors constaté que l'utilisation de la main prescrite par les yogis créait un schéma de déséquilibre hémisphérique. Il a donc posé ses mains sur ses genoux et a commencé à imaginer l'air qui entre par une narine pour ressortir par l'autre. L'électroencéphalographe a montré alors que les hémisphères droit et gauche de son cerveau se mettaient en synchronisation, produisant ce que l'on appelle une cohérence hémisphérique*.

* Laskow rapporte cette expérience dans *Healing With Love* (1992).

Son activité cérébrale a ensuite indiqué un schéma ondulatoire « alpha » (un état d'hypnose de 7 à 8 cycles par seconde), ce qui est extrêmement lent. Dans un processus naturel de respiration, les narines fonctionnent successivement pendant des cycles d'environ 90 minutes ; ensuite, un basculement se produit et c'est l'autre narine qui est la plus utilisée.

Pour pratiquer cette technique plus aisément, vous pouvez vous représenter l'air que vous inspirez en lui donnant une « forme », une « couleur », vous pouvez faciliter ce phénomène en utilisant une « représentation mentale ». L'air peut prendre la forme d'un parfum agréable ou d'une lumière que vous inspirez, le flux et le reflux d'un océan de calme. Peu importe la « représentation mentale » que vous utilisez, du moment qu'elle facilite le processus.

Dans ce que nous appelons les états de conscience « ordinaire », un hémisphère domine l'autre, nous avons une sorte de séparation qui s'effectue entre nos pensées conscientes et inconscientes. D'après Laskow, c'est cette séparation qui « nous aliène du cœur, des sources, de notre être ; nous la vivons comme une peur de la perte ou de l'abandon, comme le sentiment d'être hors de portée de notre vraie nature. En de tels moments, nous ne sommes pas en résonance avec notre corps, notre esprit, ni avec notre être véritable, ni avec l'Univers. »

Ce que je peux vous assurer, pour vous inciter à expérimenter ces états de conscience modifiée, c'est que dans les moments où nos hémisphères sont synchronisés, nous vivons « l'unité », nous nous mettons en alignement avec nous-mêmes, avec notre source, avec le centre de notre être. Nous nous sentons en sécurité, en accord avec nous-mêmes, nous sommes en résonance avec nos ressources intérieures et nous avons accès à notre plein potentiel. Cette synchronisation de nos hémisphères cérébraux nous permet une expansion et une élévation rapide de notre conscience.

L'autohypnose n'est pas une perte de conscience, bien au contraire. Elle ressemble plus à un accès profond à une plus grande conscience, celle de notre potentiel intérieur. Cet état, engendré par la respiration équilibrante, permet d'augmenter le niveau de vos performances et de vos capacités, ce qui s'avère très utile en matière de guérison.

Comme pour toutes les autres inductions et exercices, seul l'entraînement lié à une pratique régulière vous permettra de profiter pleinement des résultats.

➠ L'ÉQUILIBRE PAR LA RESPIRATION

1. Installez-vous dans une position confortable et agréable.
2. Vous pouvez fermer les yeux ou les laisser ouverts.
3. Soufflez doucement la totalité de l'air que vous avez, pour vider complètement vos poumons.
4. Visualisez chacun de vos muscles en train de se détendre.
5. Lorsque vous inspirez, imaginez votre respiration passer par la narine gauche et remonter jusqu'au milieu de votre front.

6. Lorsque vous soufflez, imaginez la respiration sortir par la narine droite.
7. Ensuite, inspirez par la narine droite, et imaginez la respiration remonter jusqu'au centre du front.
8. Expirez par la narine gauche.
9. Respirez plusieurs fois (sept mouvements) (un mouvement correspond à une inspiration et un souffle complet).
10. Au huitième mouvement, respirez en même temps par les deux narines.
11. Retenez votre souffle un instant et concentrez votre attention sur le centre du front.
12. Soufflez tout l'air de vos poumons doucement, en vous imaginant qu'il passe par le centre du front. Le centre du front correspond au sixième chakra, le centre énergétique, qui signifie le centre des fonctions intuitives de l'esprit.

Si vous n'êtes pas intéressé pas l'utilisation des chakras, faites cet exercice sans y associer cette notion, mais vous pouvez y associer une sensation corporelle agréable (l'air chaud ou l'air frais qui entre dans vos narines pendant l'inspiration), qui peut être différente lorsque vous soufflez. Souvenez-vous de faciliter votre inspiration par la visualisation de l'air avec une image mentale.

Si vous aimez utiliser les chakras, vous pouvez utiliser les sept couleurs pour les sept mouvements de respiration effectués afin d'équilibrer l'ensemble du corps.

Ce qui me fascine avec la respiration équilibrante, c'est qu'elle vous permet de stimuler plus concrètement un hémisphère ou les deux en même temps, en fonction des activités que vous avez à mener dans votre quotidien. Lorsque la narine gauche est ouverte, c'est plutôt l'hémisphère droit qui est stimulé, et inversement.

Grâce à cette technique vous pouvez avoir un réel impact sur votre corps, vos pensées et votre état de conscience.

La détente progressive

Avec cette induction, vous allez pouvoir profiter des « ancrages » que votre corps possède déjà au niveau de la relaxation et utiliser les combinaisons complexes entre un comportement et une sensation.

Je rappelle que le tutoiement, lors d'une induction, favorise la dissociation conscient/inconscient ainsi que la confusion. Il est tout à fait possible d'utiliser la première personne du singulier tout au long de votre induction ou de mélanger les deux.

« *J'aimerai maintenant que tu te concentres sur les sensations que tu peux avoir dans tes mains et dans tes bras. Laisse maintenant, simplement, tes muscles, ceux des doigts, des mains, ainsi que des bras, devenir tranquillement plus relaxés et plus détendus. Très profondément, relaxés, et très profondément détendus. Imagine-toi, de la manière que tu préfères, comment ces muscles, et toutes ces fibres musculaires, se détendent, harmonieusement. Tous ces muscles, deviennent plus mous, et plus relâchés, comme si rien d'autre, ne pouvait se produire, que la détente intense, que ton corps et tes muscles se permettent, maintenant. Cette relaxation, te permet de ressentir, le genre de sensation, que tu peux ressentir, lorsque tu retires, des gants trop serrés, et que tu portes, depuis trop longtemps. Et pendant que tu imagines, les enlever, tu peux ressentir, toutes les tensions, accumulées depuis si longtemps, disparaître au rythme de ta respiration. Tu peux déjà ressentir, la relaxation se répandre, dans l'ensemble des bras.*

Puis, d'abord doucement, puis de plus en plus rapidement, cette relaxation, se répand, et circule, dans la poitrine. Elle se disperse, ensuite. Tu peux ressentir, une partie, de cette relaxation, couler vers le bas, tandis qu'une autre partie, de cette relaxation, se répand vers le haut. Alors que cette relaxation, continue son chemin, jusque dans mon ventre, tu n'as pas besoin de réfléchir, à quoi que ce soit. Il n'est pas important, de ressentir la moindre détente, maintenant, tu peux simplement, la laisser s'amplifier, doucement. Et alors que je ressens, la relaxation descendre, jusque dans mes jambes, mon bassin se détend complètement, mes cuisses sont de plus en plus molles, tous mes muscles sont relâchés, mes genoux et mes mollets oublient, toutes les sensations inutiles, et une impression de lourdeur, s'écoule jusque dans les pieds, et jusqu'au bout des orteils. Ce confort, devient de plus en plus profond, un réel sentiment d'apaisement. Toutes les fibres, de ton corps, se relâchent de mieux en mieux. La sensation, de détente, va te permettre d'entrer, encore plus profondément, et agréablement dans une transe, de plus en plus profonde, et confortable pendant, que cette relaxation, continue de suivre, son chemin.

Maintenant, tu peux porter ton attention, sur la détente, qui a commencé, à monter comme attirée, vers le haut, une douce sensation de confort, au-dessus des épaules, une sensation agréable, circule dans la gorge, et s'installe doucement, dans le bas du visage, tu peux ressentir, la sensation de lourdeur, dans la langue, posée, juste derrière les dents.

Pendant que cette sensation, s'amplifie, tu peux même, remarquer que ta bouche, peut avoir tendance, à s'ouvrir légèrement, laissant passer un souffle lent, et continu. Une respiration parfaite, oxygène, le corps, et permet à cette transe, de s'approfondir, encore un peu plus à chaque souffle. Et comme tu respires, de plus en plus confortablement, tu peux continuer, à être surpris, de cette expérience, bien plus confortable, que ce que tu aurais pu imaginer. Et plus tu te rapproches, de cette profondeur parfaite, de transe, et plus tu peux laisser, la partie inconsciente, de ton esprit te ramener, autant de bons souvenirs, aussi agréables et positifs, les uns que les autres.

Tu n'as rien d'autre à faire, que de laisser les choses, se produire à un autre niveau, le niveau inconscient, se charge désormais, de faire circuler, cette détente jusque derrière les yeux, les paupières sont tellement lourdes, que tu ne peux plus les laisser plus fermées. Elles sont comme, hermétiquement closes, tout est confortable, et tu ressens cette sensation, qui continue et envahit, totalement, l'ensemble du crâne, tout est tellement agréable, que même ton esprit, se repose totalement, les pensées, se font de plus en plus distantes, et tu sombres complètement, en toi. »

Les inducteurs cérébraux

Le battement binaural est un son apparent perçu par le cerveau grâce à un stimulus physique : deux fréquences légèrement différentes dans chaque oreille engendrent la perception d'un battement synchronisé. Cette trouvaille a été établie en 1839 par le physicien Heinrich Dove, mais ce n'est qu'en 1942 qu'on a découvert que la stimulation tactile répétitive pouvait induire la production d'ondes alpha.

Les battements binauraux ont commencé à être employés en médecine dans les années 1960, d'abord par M. S. Sadove pour réduire la quantité d'anesthésiant pendant une intervention chirurgicale, puis par Bernard Margolis qui l'utilisait en chirurgie dentaire pour diminuer les dose d'anesthésiant, mais aussi contenir les saignements et calmer l'anxiété des patients.

À partir des années 1980, la science a développé diverses expériences pour valider l'impact de la stimulation audiovisuelle pour atteindre passivement des états modifiés de conscience. Ce sont l'amélioration et la miniaturisation des électroencéphalogrammes qui ont, en grande partie, permis le développement des recherches sur le sujet. En effet, il devenait de plus en plus facile de vérifier l'impact des stimulations visuelles et auditives sur les ondes cérébrales. Ces études ont permis ensuite d'améliorer les « programmations », c'est-à-dire de trouver très précisément les rythmes des sons et des lumières « stroboscopiques » qui induisent le plus efficacement les différents états modifiés de conscience : gamma, alpha, thêta, delta et bêta (retournez voir pages 71 et suivantes si vous avez oublié de quoi il s'agit).

La double induction, à la fois visuelle et auditive, est connue sous le nom de « Frequency Following Response », ou synchronisation des ondes cérébrales. Elle permet au cerveau d'entrer spontanément dans un état modifié de conscience pour avoir accès à des ressources inconscientes habituellement inutilisées. Grâce à l'utilisation des deux canaux sensoriels que sont la vue et l'ouïe, l'effet est cumulatif et son impact est démultiplié. Les stimuli visuels et auditifs vont automatiquement guider le cerveau vers les ondes cérébrales spécifiques de la méditation ou de l'hypnose (ondes alpha et thêta). Pour la plupart, ces appareils servent aussi à générer des ondes delta (encore plus lentes) pour faciliter et provoquer l'endormissement.

Il est très difficile de ne pas entrer dans un état modifié de conscience avec un inducteur cérébral, car le cerveau se synchronise automatiquement sur les rythmes lumineux et sonores auxquels il est soumis. Ce qui rend cette technologie très agréable et performante, c'est que le sujet n'a qu'à se laisser aller. La plupart de ces stimulateurs audiovisuels sont des concentrés de technologie, qui diffusent la lumière par l'intermédiaire de lunettes à diodes colorées, et les sons par un casque ou des écouteurs stéréo. La plupart possèdent des programmes intégrés qui correspondent aux différentes séances que vous pouvez effectuer.

Les stimulateurs restent des outils très simples d'utilisation et peuvent être utilisés pour induire une méditation, une transe hypnotique ou tout état modifié de conscience grâce à ces cycles de lumière et de sons précis. Ils peuvent permettre aux débutants de se laisser conduire par l'induction hypnotique en choisissant l'état modifié de conscience visé dans les programmes préenregistrés.

Je suis moi-même un fervent utilisateur de cette technologie, tout autant pour moi (mes propres séances d'autohypnose) que pour mes patients (lors de leurs séances). Avec ces derniers, en général, je n'utilise que la stimulation visuelle, car c'est ma voix qui les guide pendant leur transe hypnotique. Je trouve que ces appareils facilitent, pour les débutants, l'appropriation des différents états modifiés de conscience que l'on peut vivre quand on débute et permettent aux plus aguerris de découvrir des approfondissements de transe. Il est inutile de savoir quoi que ce soit sur les inductions hypnotiques pour obtenir volontairement une transe profonde.

Les sorties de transe

Pour amplifier et accélérer la sortie de transe, vous allez de nouveau utiliser le « Je » pour « réassocier » le conscient et l'inconscient. Sauf si vous prévoyez de vous endormir après (sieste ou le soir), je préconise généralement d'accélérer le rythme du discours pour faciliter le retour à la conscience.

Sortie de transe avant de s'endormir

« *Et maintenant, il est temps de finir cette expérience et d'en profiter pour m'endormir plus facilement.*

Je ressens le besoin d'entrer dans un sommeil profond, réparateur, c'est comme ça, je vais simplement oublier, tous les bruits de mon environnement, et, à partir de maintenant, continuer à me reposer, je rentre dans un sommeil profond, et réparateur, maintenant. »

Sortie de transe et retour au mouvement 1

« *Et maintenant, il est temps de finir cette expérience et de revenir, ici et maintenant.*

Parfaitement, ici et maintenant, dans quelques instants, j'écoute simplement tous les bruits autour de moi, et je remonte à ma conscience pendant que je compte de 1 à 5. Au chiffre 5, je serai parfaitement revenu, ici et maintenant, prêt à profiter de ma journée, (ou de ma soirée), complètement éveillé, et prêt à continuer toutes mes activités.

1… Je peux de nouveau être attentif au poids de mon corps.

2… Je peux être de nouveau attentif aux sensations dans le haut de mon corps, et dans le bas de mon corps.

3… Mes mains recommencent à bouger, je reprends la pleine possession de mes sensations.

4… L'énergie circule dans tout mon corps, et je me sens complètement bien, totalement alerte, éveillé, parfaitement attentif à tout ce qui se déroule autour de moi.

5… Parfaitement, ici et maintenant, j'ouvre les yeux et je profite totalement de cette bonne inspiration que mon corps prend maintenant. Et pendant cette respiration spéciale, je laisse toute cette expérience s'installer là où elle sera le plus efficace. »

Sortie de transe et retour au mouvement 2

« *La partie inconsciente de mon esprit, peut profiter pleinement de toute cette expérience, pour y découvrir ce qui est nécessair, maintenant, et utiliser quelque chose d'intéressant pour moi, aujourd'hui, et qui pourra me servir dans les jours qui viennent, cela arrivera au bon moment, lorsque tout sera parfaitement coordonné.*

Et je n'ai même pas besoin, de savoir quoi, pour que cela se produise….

De la même façon, que parfois, je rêve, et je ne sais pas à quoi j'ai rêvé, je peux parfaitement laisser, la partie inconsciente de mon esprit, gérer et organiser ces choses-là, et la laisser faire quelque chose, de vraiment important pour moi, à partir des images, des sons, et des sensations que je peux continuer à avoir, maintenant…

Je profite pleinement en ce moment… de toutes ces sensations agréables…

Voilà, parfaitement, pleinement, comme ça.…

Je laisse toutes ces bonnes choses en moi, et je reviens tranquillement au moment présent.

(de plus en plus vite)

Je commence à me reconnecter à mon corps ici et maintenant, à la sensation de mon dos appuyé, de mes pieds sur le sol et de la texture du tissu sous mes mains.

Et en même temps, je reprends conscience petit à petit avec tous les éléments autour de moi.

Je prends maintenant une bonne inspiration confortable, pleine d'énergie et dynamisante.

Et lorsque je me sens parfaitement prêt, je reviens complètement ici et maintenant dans cette pièce à l'instant présent.

J'ouvre mes yeux parfaitement à l'aise et détendu, fier de cette expérience amusante et relaxante.

Simplement maintenant. »

Chapitre 8

Le déroulement d'une autoséance

Je vous propose, pour ce dernier chapitre, une immersion dans notre cerveau droit, pour pouvoir retenir le plus facilement possible le déroulement d'une séance d'autohypnose.

On commencera par un mix cerveau droit/cerveau gauche, un joyeux mélange de hiérarchie et de concept, pour terminer avec une carte mentale, utilisant ainsi la capacité naturelle de notre cerveau droit à globaliser, percevoir les symboles et les images en totalité.

Voici donc tout ce que nous avons abordé dans ce livre pour vous aider à réaliser de magnifiques séances d'autohypnose.

1. Objectif

Clair et précis

Flou et vague

Rédigez ou préparez vos suggestions

2. Lieu confortable

Calme pour les débutants

Assis plutôt qu'allongé

Lieu sécurisé

3. Fusibles

Limite de temps

Rester au présent ou au futur

Interdire la régression

Retour immédiat pour urgence

4. Demandez à votre inconscient de…

…trouver les ressources

…gérer l'ensemble de l'autoséance

…créer les changements

5. Utilisez une induction

Spontanée

Naturaliste

- Cycles ultradien
- Toutes les 90 min

Volontaire

- Les 5 doigts de la main
- L'escalier vers le jardin intérieur

La respiration équilibrante

La détente progressive

Les inducteurs cérébraux

6. Phase de travail

Protocoles

L'ancrage

L'enfant intérieur

La dissociation

Les sous-modalités

La chenille et le papillon

La bulle d'énergie

Le recadrage

Les phénomènes hypnotiques

La catalepsie

La lévitation

Les phénomènes idéodynamiques

Le signaling idéomoteur

La suggestion post-hypnotique

L'anesthésie/l'analgésie

Utiliser le langage des émotions

Utiliser des suggestions

Suggestions complexes

Suggestions post-hypnotiques

Double lien

Yes-Set, etc.

7. Sortie de transe

S'endormir

Se réveiller

CARTE MENTALE

Vous pouvez télécharger la carte mentale présentant le déroulement d'une autoséance d'hypnose à l'adresse suivante:

www.confidencesdecoach.com/deroulement-seance

Conclusion

Cette conclusion ne saurait être prise autrement que comme une fin temporaire de ce que je pourrais vous dire sur l'autohypnose. Plus je relis ce manuscrit, plus j'y ajoute d'autres informations. Comme je souhaite lui conserver son aspect pratique, je dois, une bonne fois pour toutes, proposer une conclusion.

Cependant, je remarque que l'écriture de ce livre aura été beaucoup plus naturelle que celle de cette conclusion, qui me demande une tout autre préparation. D'ailleurs, j'en suis à la quatrième version de cette « petite » fin. Comment conclure ce qui pour moi ne devrait pas avoir de fin ?

J'aimerais que ce livre soit un compagnon fidèle dans votre apprentissage de l'autohypnose, que vous preniez plaisir à le lire et à le relire pour y trouver la clé de votre « interaction » personnelle avec votre inconscient. Ce livre couvait déjà depuis plusieurs mois dans mon esprit et je suis heureux d'avoir réussi ce challenge et de pouvoir vous proposer aujourd'hui ma vision de l'hypnose et de l'autohypnose.

Pour ceux qui l'auront aimé ou apprécié, faites-le découvrir à vos amis ou relations. J'espère que cela contribuera à la diffusion et la connaissance de l'usage de l'hypnose pour le développement personnel auprès du grand public. Il est temps d'améliorer la communication de cette hypnose pour soi, au-delà des habituels reportages trop souvent orientés vers l'hypnose de spectacle.

Cet amalgame trop fréquent entre les différentes formes d'hypnose accentue la peur que suscite cet outil magnifique. Les médias présentent si souvent l'hypnotiseur comme un « magicien » ou un « mentaliste » (très à la mode en ce moment) qui utilise l'hypnose à des fins peu agréables de contrôle ou de manipulation.

J'aimerais que ce livre participe à une redécouverte de VOTRE pouvoir personnel. Pensez et changez vous-même en utilisant vos ressources et votre potentiel intérieur. Vous pouvez aussi faire confiance à quelqu'un (dont vous aurez vérifié l'écologie et l'éthique personnelle) pour vous apprendre à utiliser ces outils de développement personnel. Pensez à votre esprit comme à un jardin dont vous deviendriez le paysagiste et le jardinier le plus talentueux.

Préférez-vous que n'importe qui y plante n'importe quoi ? Ou préférez-vous devenir le chef d'orchestre choisissant avec bienveillance et passion le type de graines et de jeunes pousses que vous voulez voir grandir dans ce jardin merveilleux ?

Ce jardin est le point de départ de votre bien-être et de votre bonheur au quotidien, alors prenez-en soin et profitez-en pour libérer toute votre force de vie.

L'hypnose intrigue, inquiète et quelquefois (trop souvent encore) provoque une réaction de scepticisme profond. Hier matin, je me suis souvenu d'une balade en bateau au large d'une côte espagnole où j'ai fait la rencontre d'un jeune couple. Après une halte dans une crique pour profiter de quelques plongeons et de la mer chaude, j'ai été surpris de voir le jeune homme rester à bord sans vouloir se rafraîchir dans ce paysage magnifique. Ma curiosité prenant le dessus, je lui ai dit que l'eau était très agréable et qu'il prendrait peut-être plaisir à s'y détendre. Son comportement non verbal m'en a dit bien plus que sa réponse consciente sur son attrait pour l'eau. Ma curiosité a provoqué ensuite une discussion très agréable et nous avons commencé à échanger nos opinions sur l'hôtel où nous séjournions. Comme c'était un lieu que je fréquentais depuis plusieurs années, le jeune homme m'a interrogé sur les bonnes adresses pour manger et les « coins » agréables à visiter. Vous pensez peut-être : mais quel est le rapport avec le sujet du livre ? Laissez-moi encore quelques lignes pour que tout s'éclaire.

La question « fatale » a fini par tomber : « Et vous, que faites-vous dans la vie ? » Par expérience, je sais que dès que je parle d'hypnose, le contact avec les gens a tendance à changer. Comme j'étais en « vacances » pour finir mon livre, j'ai répondu : « J'écris ». Mon interlocuteur s'est contenté de cette réponse et nous avons poursuivi nos échanges sur le thème des lieux à voir et à éviter. J'ai même proposé de lui montrer, à notre retour, un de nos restaurants préférés, qui se trouvait juste à côté du port. Il a répondu qu'il nous faudrait nous arranger pour être dans le même véhicule qui nous ramènerait à l'hôtel, ce qui n'avait pas été le cas à l'aller.

Au retour, seul un des deux véhicules qui nous avaient conduits au port le matin était là et le responsable de l'hôtel annonça à notre groupe que certains devraient attendre qu'il ait fait la navette pour venir nous rechercher. J'y ai vu un signe et j'ai proposé au jeune homme et à sa compagne de rentrer à pied pour que je puisse leur montrer certains endroits dont j'avais parlé plus tôt. Ils ont accepté aussitôt.

Oui, je sais, les quelques lignes sont déjà passées et vous ne voyez pas toujours le rapport, mais croyez-moi, je sais où je veux en venir et vous allez vite comprendre. Nous nous sommes donc dirigés vers l'hôtel en suivant la promenade qui longe la plage et je leur ai montré de bon cœur ce qui me semblait le plus intéressant à voir. Jusqu'à ce que le jeune homme me propose une cigarette, que j'ai acceptée avec plaisir. Je fume très peu depuis que je me suis libéré de cette addiction avec l'hypnose, mais j'aime fumer une cigarette par plaisir, maintenant que ce n'est plus par nécessité.

(D'ailleurs, j'ai acheté ma dernière cartouche de cigarettes il y a plus d'un an et il me reste encore quelques paquets toujours dans un placard à la maison. Cette façon de fumer étonne toujours mes contemporains, car siège au milieu de leurs croyances l'idée que soit on fume [beaucoup trop ou par addiction], soit on est complètement non-fumeur. Il semble « impossible » ou « incroyable » [étymologiquement parlant] que l'on puisse fumer uniquement une cigarette pour le plaisir. Comme on mange un seul carré de chocolat plutôt que la tablette entière, comme on fait l'amour une fois par semaine plutôt que toutes les heures, comme on joue aux jeux vidéos de temps en temps plutôt que devenir un « no life ». Les excès semblent être le propre des croyances et la modération si difficile à obtenir.)

Reprenons après ce bref aparté. Excusez ce manque de subtilité, mais qui peut le moins peut le plus. Nous nous promenons donc sur la promenade, près de la plage, et les jeunes gens m'interrogent sur les habitudes liées à la cigarette dans ce pays, m'affirmant que la veille ils n'avaient quasiment pas rencontré de fumeur et n'avaient même pas vu de cendriers alors que les trottoirs ne montraient pas un mégot. Je leur ai avoué ma surprise et leur ai dit que je n'avais pas fait attention à ce détail. Puis ils m'ont appris qu'ils avaient lu une affiche sur plusieurs poteaux où le mot « FUMAR » apparaissait en grosses lettres ; comme ils n'avaient pas compris les autres termes, ils en avaient conclu qu'il s'agissait sans doute d'une interdiction formelle de fumer.

Quelle n'a pas été ma surprise quand la jeune femme m'a montré une de ces pancartes. Il s'agissait ni plus ni moins d'une publicité pour – je vous le donne en mille – un hypnothérapeute qui proposait ses services aux personnes qui souhaitaient « arrêter de FUMER ». J'y ai vu encore un signe et j'ai éclaté de rire et leur disant que j'allais les amuser :

« C'est aussi mon métier !

— Quoi donc ?

— J'aide les gens à se débarrasser de cette addiction en utilisant l'hypnose comme cette personne.

— Mais alors, ça marche vraiment, l'hypnose ?

— Non, ça marche pas, mais on fait comme si !

— Non, sérieusement ? Ça fonctionne ? En fait, faut y croire pour que ça marche.

— Ben, je trouve que ça marche mieux avec ceux qui n'y croient pas, comme ils pensent que rien ne peut se produire, ils partent bien plus facilement en transe.

— Mais on l'utilise pour quoi, l'hypnose ?

— Ça dépend. La bonne question n'est pas : "Quand est-ce qu'on utilise l'hypnose ?", mais plutôt : "Voici le problème, comment puis-je utiliser l'hypnose pour le résoudre ?" »

Voici le dialogue qui s'engage en général quand je rencontre des personnes qui n'ont jamais entendu parler d'hypnose au-delà de l'image donnée par les médias. Et voilà le challenge que je me suis donné en écrivant ce livre : **donner une image plus positive et plus facile de l'hypnose, car il s'agit d'un pouvoir immense que nous avons sur nous-mêmes pour changer et développer notre potentiel.**

Grâce à toutes les personnes qui ont eu la gentillesse de lire et de relire ce manuscrit (et je ne les en remercierai jamais assez), il semble atteindre son but. Ce livre peut aider des débutants à comprendre l'autohypnose et à s'y mettre, des utilisateurs chevronnés à acquérir une autre vision ou des professionnels à mieux structurer leurs interventions.

J'espère que vous ferez partie de ceux qui auront passé un moment (difficile, amusant, enrichissant, motivant...) en compagnie de ce livre. Si ce n'est pas le cas, ne l'offrez pas à quelqu'un que vous aimez, mais plutôt à quelqu'un que vous n'aimez pas. Vous pourriez malencontreusement lui faire du bien en lui donnant accès à un outil puissant de développement personnel.

Vous avez probablement commencé votre lecture en étant vous-même dans une situation particulère de votre vie. Maintenant que vous venez de terminer ce livre, où en êtes-vous ? Êtes-vous satisfait de ce que vous avez lu, vous attendiez-vous à autre chose (en pire ou en mieux) ? Avez-vous besoin d'y revenir, de relire ce livre ? Certains, en fonction de leur chemin personnel, auront probablement besoin de le parcourir plusieurs fois ou de le redécouvrir.

Je souhaite que vous preniez surtout beaucoup de plaisir à le garder dans votre bibliothèque et à vous y référer souvent dans votre expérience « autohypnotique ». Merci de la confiance que vous m'avez accordée et souvenez-vous de vous amuser. Car l'hypnose est un jeu. Si vous n'arrivez pas à apprendre seul les règles de ce jeu, pensez à vous faire aider par un professionnel compétent. De nombreuses formations existent pour vous aider à changer et à avancer vers le meilleur. Merci de votre lecture et peut-être à très bientôt dans un prochain livre ou lors d'une de nos formations.

à suivre…

Pour en savoir plus

Je vous invite à visiter les sites Internet suivants :

- *Le cabinet privé de consultations :* http://www.hypnofeel.com
- *Mon site Internet :* http://www.franckmarcheix.com
- *Mon blog sur le coaching :* http://www.confidencesdecoach.com
- *Notre organisme de formation :* http://www.instituthypnofeel.com
- *Un inducteur cérébral que je recommande :* http://www.mindspafrance.com
- *Accoucher avec l'hypnose et la méditation :* http://www.hypnobebe.fr

Table des matières

QUELQUES GÉNÉRALITÉS SUR L'HYPNOSE

TOUT CE QU'IL FAUT SAVOIR SUR L'AUTOHYPNOSE

DES HISTOIRES ET DES MÉTAPHORES INSPIRANTES

AVEC OU SANS PROTOCOLE ?

EN SAVOIR PLUS SUR LES OUTILS

LES TECHNIQUES D'AUTO-INDUCTION

LE DÉROULEMENT D'UNE AUTOSÉANCE

Imprimé en Allemagne par GGP MEDIA GMBH
pour le compte des Editions Marabout (Hachette Livre)
58, rue Jean-Bleuzen, 92178 Vanves Cedex
Achevé d'imprimer en février 2016
ISBN : 978-2-501-10006-9
7555661 / 02
Dépôt légal : août 2015